Récits pour aujourd'hui

17 fables et apologues contemporains

ÉTONNANTS • CLASSIQUES

Récits pour aujourd'hui

17 fables et apologues contemporains

Présentation, notes, choix des textes et dossier par
JÉRÔME DESTAING,
inpecteur pédagogique régional

GF Flammarion

ISBN : 978-2-0812-2469-8
ISSN : 1269-8822

SOMMAIRE

Récits pour aujourd'hui

I. MÉTAMORPHOSES DE FABLES

II. LE POUVOIR DES APOLOGUES (1) : LUMIÈRE SUR SOI

III. LE POUVOIR DES APOLOGUES (2) : LUMIÈRE SUR LE MONDE CONTEMPORAIN

PRÉSENTATION

« Pourquoi lire, puisque tout est là ? »,
Christian Bobin, *L'Enchantement simple*, 1991.

Apologue, fable, conte : essai de définition

Récits pour aujourd'hui réunit un ensemble de textes qui appartiennent à ce qu'on nomme traditionnellement « fable », « conte », « apologue ». Quelle réalité désigne chacun de ces mots ?

La notion de « conte » recoupe principalement trois catégories. 1. Le conte merveilleux – tel qu'il est pratiqué par Perrault au XVIIe siècle et par les frères Grimm au XIXe siècle. Celui-ci s'inscrit dans la tradition très ancienne des légendes populaires, et présente un univers spatio-temporel indéterminé (dont rendent compte des formules comme « Il était une fois, dans un lointain royaume ») et merveilleux, dans lequel évoluent des personnages régulièrement dotés de pouvoirs magiques (fées, sorcières, animaux fabuleux) et pour qui l'étrange est naturel. 2. Le conte fantastique – comme ceux d'Hoffmann au XIXe siècle. Dans l'univers familier et stable du lecteur, il introduit un phénomène surnaturel, pour lequel il est impossible de choisir entre une explication rationnelle et une explication irrationnelle. 3. Le conte philosophique – comme ceux de Voltaire. Par le biais d'une fiction séduisante et facile à suivre, il aborde des enjeux philosophiques complexes – à cet égard, le sous-titre du conte écrit par Voltaire en 1759 est explicite : *Candide ou l'Optimisme*. Si la définition que *Le Trésor de la langue française informatisé* donne du mot « conte » pour son acception littéraire – « Récit d'aventures imaginaires destinées à distraire, à instruire en amusant » – paraît relativement brève au regard des différents types d'œuvres que le terme sert à qualifier, elle a le mérite de les circonscrire tous. Elle pointe aussi un aspect essentiel du genre : récit fictif, le conte vise à instruire. Évidente dans le conte philosophique, cette dimension didactique apparaît également dans le conte merveilleux. Ainsi, Charles Perrault intitule le recueil qu'il publie en 1697 *Histoires ou Contes du temps passé avec des moralités* : sous une apparente simplicité destinée à divertir les enfants, ses textes contiennent des enseignements moraux capables d'éduquer les plus jeunes. Le conte fantastique, quant à lui, par le surnaturel qu'il contient, a pour but, selon certains théoriciens, de remettre en cause des catégories intellectuelles établies et de formuler sur le monde une vérité qui sans cela ne serait pas perceptible. Histoire plaisante dont le sens profond ne se dévoile pas d'emblée, le conte entretient une relation de parenté étroite avec la fable, un genre hérité des Anciens – le Grec Ésope (VIe siècle av. J.-C.) écrivait des fables en prose, le Latin Phèdre (Ier siècle apr. J.-C.) en écrivait en vers – et que nous connaissons surtout à travers l'œuvre de La Fontaine, qui s'en empara et le fit fleurir au XVIIe siècle.

La fable se définit par un ensemble de traits caractéristiques : la brièveté, la mise en scène relativement fréquente, mais pas exclusive, d'animaux humanisés et doués de langage (certaines fables de La Fontaine échappent en effet à cette « règle » – pensons par exemple au « Laboureur et ses Enfants », au « Chartier embourbé »), et une finalité ouvertement didactique. Ainsi, les Anciens limitent souvent le récit au strict minimum narratif, qu'ils subordonnent à un enseignement. La Fontaine confirme cette visée, dédicaçant ses fables au dauphin Louis – fils du roi Louis XIV –, et présentant le genre comme une histoire « mensongère », qui « contient des vérités qui servent de leçons[1] ». Il s'agit donc pour lui, à partir d'une fiction, d'atteindre la vérité et l'instruction morale. Néanmoins, le fabuliste renouvelle considérablement le genre dans lequel il s'illustre. La dimension narrative du texte est telle que le récit n'est plus subordonné à une morale mais devient signifiant en lui-même. Située à la fin ou au début du récit, la morale en est d'ailleurs parfois volontairement omise : au lecteur de tirer de l'anecdote les conclusions qui s'imposent.

Quant à l'apologue, sa définition dans le *Dictionnaire des noms communs* Petit Robert souligne sa parenté avec la fable et le conte : « petite fable visant à illustrer une leçon morale ». Ce rapprochement entre les genres n'est pas nouveau, puisque, en 1694, dans sa première édition, le *Dictionnaire de l'Académie française* indiquait : « APOLOGUE – Fable morale et instructive ». À la différence du conte – que l'on associe à des catégories relativement identifiées (voir *supra*) – et de la fable – dont très souvent on définit les contours par analogie avec l'œuvre de La Fontaine, érigée en modèle du genre –, le mot « apologue » ne désigne pas un genre à proprement parler mais en recoupe plusieurs. On l'emploie à propos de tout récit symbolique visant à instruire le lecteur – fable, conte, nouvelle, récit dans le récit –, dans lequel le sens de ce qui est rapporté ou décrit est plus profond que le sens littéral et apparent. « Petit récit d'un fait vrai ou fabuleux, dans lequel on a pour but de présenter d'une manière indirecte une vérité morale et instructive », indique ainsi la sixième édition du *Dictionnaire de l'Académie française* (1832-1835).

L'apologue recoupe plusieurs genres ; le conte, lui, désigne des types de récits très différents, tout comme la fable, qu'on ne saurait limiter à la forme versifiée (eu égard à Ésope) ni même au

1. Dédicace du premier recueil des *Fables* au Dauphin.

contenu animalier et pour laquelle le critère de brièveté se révèle extrêmement relatif (de quelques lignes à plusieurs pages). Pour chacun d'entre eux, la seule caractéristique véritablement stable et définitionnelle paraît se situer dans leur dimension instructive et allégorique, c'est-à-dire symbolique. C'est elle qui caractérise les textes réunis dans ce recueil : le sens apparent des récits est constamment porteur d'un sens symbolique que le lecteur doit percevoir, et qui vise à présenter et transmettre des valeurs morales.

L'anthologie *Récits pour aujourd'hui* invite le lecteur sinon à remettre en cause les distinctions traditionnellement établies entre ces genres, du moins à les dépasser pour appréhender une même famille d'histoires.

Un lecteur intelligent face aux fables

Tout texte littéraire est « paresseux »

Dans *Lector in fabula* (1979), un essai consacré au rôle du lecteur face à un texte narratif, Umberto Eco affirme qu'un texte est, par essence, un « mécanisme paresseux », qui ne « fonctionne » pas sans la coopération ou le travail interprétatif du lecteur : « un texte veut que quelqu'un l'aide à fonctionner », écrit-il. En effet, le lecteur doit, à partir du contexte dans lequel un mot apparaît, déterminer son sens, c'est-à-dire choisir celui qui convient parmi les différentes définitions contenues dans les dictionnaires. En outre, le lecteur décode les références à d'autres œuvres que le texte comporte (ce rapport, parfois complexe, qu'un texte entretient avec d'autres est appelé « intertextualité » – il peut être de l'ordre de la citation, du commentaire, de la reprise parodique, du pastiche, etc.). Ainsi, il faut avoir lu la fable d'Ésope (p. 31) pour saisir la portée satirique de celle de Samivel (p. 30). Enfin, le lecteur repère les allusions par lesquelles un texte évoque son époque ou son contexte de rédaction. Plus ces allusions sont éloignées de l'univers historique ou culturel du lecteur, plus ce dernier doit effectuer un travail d'interprétation pour percevoir la force et l'enjeu du propos au moment où il a été élaboré. On ne peut bien comprendre l'extrait de *La Ferme des animaux*, de George Orwell (p. 80), ou la nouvelle « Comme on se retrouve », de Ray Bradbury (p. 60), si l'on ignore tout du communisme soviétique, pour l'un, et de la ségrégation dont furent victimes les Noirs aux États-Unis dans les années 1950, pour l'autre.

L'implicite dans les textes à valeur d'apologue

Ce qu'Umberto Eco indique au sujet de tout texte narratif est particulièrement vrai pour les écrits à valeur d'apologue. Leur richesse ne tient pas seulement à leur nature littéraire mais aussi au sens caché qu'ils comportent. La place accordée à l'implicite dans les textes de cette anthologie accroît le rôle du lecteur. Dans ces récits dont l'objectif est de provoquer un débat moral, le recours au sens caché présente deux avantages : c'est une façon efficace de susciter l'intérêt du lecteur, en le défiant sur son aptitude à interpréter un texte ; c'est aussi une façon d'augmenter sa capacité d'analyse et de réflexion. Par conséquent, il ne s'agit pas seulement d'une stratégie de séduction sur le mode de la joute intellectuelle. Une vision réductrice des fables les considère souvent comme une forme par laquelle l'auteur impose des valeurs morales à ses lecteurs, qui n'auraient plus qu'à y souscrire. Or, si cette possibilité existe lorsque le texte comporte une formule explicite et prescriptrice, aisément mémorisable, elle est nettement moindre lorsque la morale n'est pas énoncée. En sollicitant la réflexion du lecteur, l'apologue aiguise la sagacité de ce dernier et le rend plus libre d'exercer son jugement critique sur les positions morales qu'on lui présente. Nombreux sont ainsi les récits de ce recueil s'achevant sur une phrase qui constitue une incitation à la réflexion plutôt qu'une conclusion imposée.

L'argumentation indirecte

Dans l'essai qu'il consacre aux genres littéraires[1], Yves Stalloni nomme « apologue » la narration qui, dans une fable, précède la formulation de la leçon morale. Distinguer l'« apologue » et l'expression explicite de la leçon morale revient à souligner la capacité du premier à argumenter dans le domaine moral non de façon explicite mais par des choix narratifs particuliers.

On associe généralement argumentation et présence dans un texte d'une thèse clairement énoncée, elle-même construite et étayée par des arguments. Par ailleurs, la tradition scolaire distingue le discours narratif et le discours argumentatif, identifiés comme des types de textes fondamentaux. Sans remettre en cause ces catégories, l'apologue témoigne de l'aptitude du récit à exprimer un avis moral sur le monde, sans recourir aux moyens d'expression directs de l'argumentation. Résumons les procédés que l'apologue emploie pour y parvenir :

– il développe un univers symbolique, distribuant les éléments du récit selon un système de connotations positives et négatives. L'étrange métamorphose des souris en rats dans la nouvelle de Buzzati (p. 101) signale la menace que constitue la présence envahissante des rongeurs. Plus l'univers symbolique de l'apologue se dessine, plus le lecteur identifie le système de connotations mis en place ;

1. Yves Stalloni, *Les Genres littéraires*, Armand Colin, coll. « 128 », 2007.

– il confronte deux pôles, dont le lecteur s'aperçoit rapidement qu'ils incarnent des valeurs nettement opposées (la communauté noire et l'homme blanc arrivant sur Mars chez Bradbury, p. 60 ; l'homme de la campagne et le gardien chez Kafka, p. 87). Cette dichotomie traduit la dimension délibérative de l'apologue : le lecteur observe, analyse et juge l'évolution de l'opposition entre deux camps antagonistes ;

– lorsque la voix du narrateur intervient dans le récit, elle oriente la perception du lecteur par ses commentaires ou par un jeu efficace de modalisations au nombre desquelles figure l'ironie. La fable de Françoise Sagan (p. 27) en est une parfaite illustration ;

– souvent construit comme une saynète, l'apologue confère le dernier mot à celui qui emporte le débat. À la fin de la nouvelle de Calvino intitulée « Un général dans la bibliothèque », le fait que les soldats reviennent lire dans la bibliothèque du vieux Crispino indique qu'ils ont pris goût à la lecture et souligne le triomphe de cette dernière (p. 48).

Aussi complexe soit son sujet, l'apologue, par la façon particulière de déployer son récit, guide le lecteur dans la découverte de sa portée morale. On peut à juste titre parler d'efficacité argumentative. Lorsque le lecteur a deviné que le texte lu était un apologue, le joli piège narratif s'est déjà refermé sur lui, l'obligeant à prendre position dans le débat.

L'apologue ou la fable sont-ils destinés aux enfants ?

L'apologue met en place un univers narratif capable, par des *choix symboliques lisibles*, de guider le lecteur dans la découverte d'un enjeu moral souvent *complexe*. Cette tension constitutive du « genre » conduit à s'interroger sur son destinataire. Ces récits sont-ils destinés aux enfants ? Oui, peut répondre la tradition scolaire qui raconte, fait lire et même apprendre des fables aux élèves dès leur plus jeune âge. Non, affirme Rousseau dans *Émile ou De l'éducation* (1762) : « On fait apprendre les fables de La Fontaine à tous les enfants, et il n'y en a pas un seul qui les entende[1]. » La portée réelle des textes est telle qu'elle échappe souvent aux jeunes lecteurs. Revenir sur le sens du mot « enfant » peut néanmoins éclairer la réflexion. Tout apologue s'adresse à un lecteur *enfant*, c'est-à-dire, étymologiquement, à celui qui *ne parle pas en son nom propre*. Dans le domaine moral, nous sommes tous enfants tant que nous n'avons pas questionné les valeurs que nous avons faites nôtres. Il faut ici entendre le terme « enfant » selon le sens que lui donne Kant dans le court essai qu'il consacre en 1784 à la définition de l'esprit du siècle des Lumières – est enfant celui qui n'exerce pas pleinement la capacité critique de son « entendement[2] » : « La minorité, c'est l'incapacité de se servir de son entendement sans la tutelle d'un autre[3]. » Un lecteur d'apologue est ainsi un mineur que les débats moraux rencontrés dans ses lectures vont transformer peu à peu en adulte, capable de faire des choix moraux sans dépendre d'autrui.

Pourquoi lire des apologues ?

« La littérature doit [...] être lue et étudiée parce qu'elle offre un moyen – certains diront même le seul – de préserver et de transmettre l'expérience des autres, ceux qui sont éloignés de

---

1. ***Qui les entende*** : qui les comprenne.
2. ***Entendement*** : faculté de comprendre.
3. Kant, *Qu'est-ce que les Lumières ?*, trad. J. Mondot, Publications de l'université de Saint-Étienne, 1991.

nous dans l'espace et dans le temps, ou qui diffèrent de nous par les conditions de leur vie. Elle nous rend sensibles au fait que les autres sont très divers et que leurs valeurs s'écartent des nôtres. » Extraite de sa « Leçon inaugurale au Collège de France » (2006), cette citation du professeur et historien de la littérature Antoine Compagnon, qui s'applique à tout texte littéraire et peut suffire à justifier et défendre l'acte de lecture, vaut particulièrement pour l'apologue. La littérature permet à chacun de rencontrer « l'expérience des autres » afin d'enrichir la sienne, de la questionner (autre forme d'enrichissement) et de la comprendre par l'intermédiaire du récit d'autrui. De façon privilégiée, l'apologue confronte le lecteur à la diversité des valeurs morales et lui permet de construire les siennes, d'en découvrir de nouvelles et d'en adopter certaines auxquelles, avant l'acte de lecture, il refusait d'adhérer.

Comme n'importe quel récit, l'apologue confirme que l'homme est un être qui se nourrit des histoires des autres hommes, qui deviennent alors aussi les siennes. Le dramaturge et metteur en scène Olivier Py résume cela joliment : « Sommes-nous autre chose que des fables errantes dans le siècle ? Reconnaître notre humanité non pas comme un fait scientifique mais comme un récit qui doit être dit et redit, c'est déjà en percevoir l'énigme[1]. » L'« animal mythologique[2] » que nous sommes construit et nourrit son identité par les récits qui l'entourent et, dans le cas des fables, qui le questionnent sur ses propres choix moraux.

---

1. Éditorial présentant la saison 2008-2009 du théâtre de l'Odéon à Paris.

2. Formule du romancier Michel Tournier dans son essai *Le Vent Paraclet*; reprenant la célèbre formule du philosophe Aristote (« L'Homme est un animal politique »), l'écrivain insiste ici sur le fait que nous sommes fondamentalement des êtres culturels, nourris de récits et d'histoires.

Des récits pour aujourd'hui

Les différents textes de cette anthologie ont un trait commun : ils souhaitent offrir au lecteur des récits capables d'éclairer certains débats qui traversent le monde *contemporain*. Est contemporain un fait qui participe du temps présent, ce qu'indique l'origine latine[1] du mot. Ce rappel soulève deux questions, l'une historique, l'autre littéraire, liée à la nature même des textes à valeur d'apologue.

En deçà de quelle date les réalités historiques n'entretiennent-elles plus de lien avec l'époque présente ? À quel moment de l'Histoire situer la naissance du monde auquel appartient l'époque présente ? Il est difficile de répondre à ces questions, tant le mouvement de l'Histoire est fait de continuités et d'évolutions lentes. Le texte le plus ancien de cette édition est l'extrait du *Procès*, que Kafka rédige en 1912. Comme son titre l'indique, le récit fait « le procès » d'un monde en théorie régi et régulé par la Loi mais dans lequel l'individu libre, aux prises avec des réalités administratives et réglementaires complexes, peine à se retrouver. L'univers démocratique et capitaliste du début du XXe siècle que Kafka décrit est encore le nôtre, dans ses composantes essentielles.

Sur le plan littéraire, parler d'« apologues contemporains » implique de s'interroger sur l'universalité que l'on prête parfois à la fable. Parce qu'elle met en scène des situations symboliques et des personnages souvent archétypaux, on est tenté de penser que son sens est accessible en tous lieux et en dehors des circonstances historiques et idéologiques qui ont vu naître le récit. Et, partant, on est tenté de faire de l'apologue une variante du mythe

1. « Contemporain » vient du bas latin *contemporaneus*, formé de *cum*, « avec », et *tempus*, « temps ».

– une histoire à la narration simple, dans laquelle le lecteur trouve des explications du monde. Mais la fable se distingue du mythe à plusieurs égards. Invariable dans ses grandes lignes et au fil de ses réapparitions dans le champ littéraire, le mythe, contrairement à l'apologue, donne lieu à une interprétation plurielle, qui s'enrichit au cours des siècles. La palingénésie le caractérise, c'est-à-dire la capacité de contenir et de faire naître sans cesse des significations neuves qui s'ajoutent aux précédentes. Ainsi défini, il est presque l'inverse de la fable : « la fable, contrairement au mythe, peut être librement rapportée ou inventée. La fable appartient à qui en use, et peut avoir un auteur[1]. » Si le mythe trouve son origine dans les textes fondateurs de notre civilisation, la fable peut être « inventée ». Sa naissance est liée au contexte où elle voit le jour. Sa portée peut se perdre ou être moins bien reçue en dehors de celui-ci. Ainsi, comment comprendre pleinement l'éloge de la prévoyance dont fait preuve la fourmi dans le texte de La Fontaine sans connaître la hantise de la disette, voire de la famine, inscrite dans le quotidien des hommes et des femmes du XVIIe siècle ?

On réinterprète le sens des mythes alors qu'on invente constamment de nouvelles fables parce que les usages, les mœurs et donc les valeurs morales qui les fondent évoluent (il y a fort à parier que les lecteurs d'aujourd'hui ne voient dans la fourmi de La Fontaine qu'un monstre d'égoïsme, refusant tout ce qui relève de la solidarité ou de la fraternité telles que nous les entendons en ce début de XXIe siècle). Une formule de La Bruyère, moraliste en son siècle, comme La Fontaine, le dit avec clarté : « les hommes n'ont point d'usages ni de coutumes qui soient de tous les siècles » (*Discours sur Théophraste*, 1688). L'apologue est donc d'une grande souplesse ; un auteur en invente à son gré lorsqu'il

1. Daniel Loayza dans l'introduction de son édition des *Fables* d'Ésope, GF-Flammarion, 1993.

souhaite faire réfléchir ses contemporains sur des « usages » propres à son époque.

Rien ne dit pendant combien de temps le sens d'un apologue demeure pleinement accessible à celui qui le lit ; certains débats majeurs qu'il instaure sont en théorie capables de traverser des générations, mais, par nature, la fable court le risque de perdre de sa force argumentative quand l'enjeu moral qu'elle met en scène n'en est plus un pour la majorité de ses lecteurs. Une vision optimiste consiste à voir dans l'apologue un écrit susceptible de participer à l'évolution des mœurs, acceptant d'emblée la possibilité de sa propre disparition comme effet de son efficacité.

En définitive, il revient à chaque lecteur de juger si les textes de ce recueil font pour lui écho à des débats moraux signifiants en ce début du XXIe siècle. C'est à cette aventure qu'il est invité à présent.

Récits pour aujourd'hui

I. Métamorphoses de fables

■ Andrée Chedid, *Fêtes et Lubies* (1973)

D'origine libanaise, Andrée Chedid est née en Égypte en 1920. Romancière, nouvelliste, conteuse et auteure dramatique, elle est aussi poète. Toute son œuvre est traversée par un questionnement incessant sur la condition humaine.
Issu du recueil *Fêtes et Lubies* (1973), destiné à des lecteurs de tous âges, le texte qui suit récrit la célèbre fable de La Fontaine « La Cigale et la Fourmi » (voir p. 25). Rédigée à une époque marquée par le combat des femmes pour leur liberté et pour la reconnaissance de leur identité, cette version de la fable réunit deux personnages féminins mettant en question le rôle social qu'on leur fait jouer. Si les femmes sont libres, dit la poétesse, aucun modèle de vie ne saurait leur être imposé.
En inversant l'ordre initial de présentation des deux personnages, le titre d'Andrée Chedid annonce un profond bouleversement de l'univers moral mis en scène par le fabuliste du XVIIe siècle. Les valeurs morales changent et l'apologue est un genre plastique capable de rendre compte de ces transformations.

La Fourmi et la Cigale

«Fini, fini!»,
Dit la Fourmi.
«Au diable[1], la parcimonie[2]!
Dès aujourd'hui
Je convie
Toutes cigales affranchies
À me chanter leurs mélodies,
Et nous fêterons, en compagnie,
La vie qui bouge,
La vie qui fuit!»

«Holà, holà!»,
Fit la Cigale
Poussant un cri très vertical.
«Pour moi, adieu le carnaval!
L'hiver, l'hiver m'a tant appris,
Et le souci tant rétrécie,
Que j'ai rangé toutes mes rêveries
Pour m'établir
En Bourgeoisie!»

Fêtes et Lubies, © Flammarion, 1973.

---

1. ***Au diable*** : très loin ; envoyer quelque chose « au diable» signifie chasser cette chose, la rejeter.
2. ***Parcimonie*** : épargne minutieuse.

La Cigale et la Fourmi

La Cigale, ayant chanté
Tout l'Été,
Se trouva fort dépourvue
Quand la bise fut venue.
Pas un seul petit morceau
De mouche ou de vermisseau.
Elle alla crier famine
Chez la Fourmi sa voisine,
La priant de lui prêter
Quelque grain pour subsister
Jusqu'à la saison nouvelle.
« Je vous paierai, lui dit-elle,
Avant l'Oût, foi d'animal,
Intérêt et principal. »
La Fourmi n'est pas prêteuse ;
C'est là son moindre défaut.
« Que faisiez-vous au temps chaud ?
Dit-elle à cette emprunteuse.
– Nuit et jour à tout venant
Je chantais, ne vous déplaise.
– Vous chantiez ? J'en suis fort aise.
Eh bien ! dansez maintenant. »

La Fontaine, *Fables*, Livre I, fable 1.

■ Le dessinateur Quino (Joaquín Salvador Lavado) naît en 1932, en Argentine ; le pays connaît une dictature militaire de 1976 à 1983 et l'œuvre de Quino est naturellement traversée par une réflexion sur le pouvoir et la liberté, notamment son album *Qui est le chef ?* (1990 pour l'édition française). L'apologue ci-dessus joue sur une succession de symboles pour montrer quelle valeur domine notre monde aujourd'hui ; comme souvent chez Quino, le propos mêle humour et pessimisme.

■ Françoise Sagan, in *Trente Versions inédites de La Cigale et la Fourmi* (1989)

Françoise Sagan (1935-2004) connaît un succès fulgurant lors de la publication de son premier roman, *Bonjour tristesse*, en 1954. Jeune femme libre, elle refuse les contraintes et bouscule volontiers les valeurs morales de la société d'après-guerre, dans ses textes comme dans sa vie. Cet esprit frondeur et anticonformiste s'exprime dans la fable qui suit, publiée en 1989, dans le recueil collectif *Trente Versions inédites de La Cigale et la Fourmi*.

De façon évidente, la fable de Françoise Sagan prend le contre-pied de celle de La Fontaine. Le choix critique et parodique de l'auteur ne peut être réellement compris sans la maîtrise du contexte dans lequel le texte a été conçu : les années 1980, marquées par la domination d'un modèle de société fondé sur une consommation sans fin et sur le règne sans partage de l'argent. La fourmi, qui était valorisée par La Fontaine pour sa prévoyance, devient la cible de la satire de Françoise Sagan, parce qu'elle est seulement intéressée par l'appât du gain. « La Cigale n'est pas gourmande » : ce vers dessine une nouvelle façon de vivre, qui ne se résume pas à la possession de biens matériels.

La Cigale et la Fourmi

La Fourmi, ayant stocké
Tout l'hiver
Se trouva fort encombrée
Quand le soleil fut venu :
Qui lui prendrait ces morceaux
De mouches ou de vermisseaux ?
Elle tenta de démarcher[1]
Chez la Cigale sa voisine,
La poussant à s'acheter

1. ***Démarcher*** : solliciter un futur client en se rendant à son domicile.

Quelque grain pour subsister
Jusqu'à la saison prochaine.
«Vous me paierez, lui dit-elle,
Après l'août[1], foi d'animal,
Intérêt et principal.»
La Cigale n'est pas gourmande;
C'est là son moindre défaut.
«Que faisiez-vous au temps froid?
Dit-elle à cette amasseuse[2].
– Nuit et jour à tout venant
Je stockais, ne vous déplaise.
– Vous stockiez? J'en suis fort aise :
Eh bien! soldez maintenant.»

Trente Versions inédites de La Cigale et la Fourmi,

■ Samivel, *L'Amateur d'abîmes* (1940)

De son vrai nom Paul Gayet-Tancrède, Samivel (1907-1992) est un écrivain aux talents multiples – illustration, graphisme, peinture, cinéma, photographie –, amoureux de la montagne et passionné d'alpinisme. Empruntant à des genres divers, son œuvre *L'Amateur d'abîmes* paraît en 1940. Venus à Chamonix pour s'initier à l'alpinisme, le narrateur et deux amis vivent de nombreuses aventures qui sont racontées sous forme de saynètes, dessins, fables, chansons, etc.
« De l'éducation des crabes » est une récriture libre et humoristique de la fable du Grec Ésope (VIe siècle av. J.-C.). Le poème conduit à s'interroger sur la valeur et la pérennité des « usages », c'est-à-dire des normes morales. Le paradoxe plein d'humour que souligne le

1. ***L'août*** : le mois d'août.
2. ***Amasseuse*** : qui amasse, accumule (néologisme); le terme est connoté péjorativement.

■ La fable ci-dessus est extraite de l'album de Quino *Qui est le chef ?* (voir p. 26). La dénonciation de la société de consommation, et du gaspillage qui l'accompagne, fait écho à la fable de Françoise Sagan (ci-contre) et se double d'un propos politique : l'énorme richesse de quelques-uns n'existe qu'au prix de la misère du plus grand nombre. Quino a grandi dans ce qu'on nommait alors le Tiers-Monde : des États dont la pauvreté contraste avec l'opulence des puissances économiques occidentales.

dernier vers met en lumière la portée de la fable : en quoi consistent la droiture morale et les comportements condamnables ?

En s'inspirant du fabuliste grec, Samivel semble prolonger le propos de son prédécesseur et dénoncer les donneurs de leçon, incapables eux-mêmes de suivre et de transmettre les bons usages. Mais en réalité, son texte comporte une dimension bien plus subversive ; alors qu'Ésope montre ce qui doit être la base d'une éducation véritable, en utilisant un contre-exemple, Samivel affirme l'impuissance des figures qui, en théorie, incarnent l'autorité morale : dame crabe semble ignorer que sa propre vie n'est pas un modèle de droiture – elle marche de travers ; en outre, elle ne considère pas comme une émancipation salutaire l'attitude de son enfant. L'humour de la fable sert un propos très libertaire, dont la portée devait prendre toute son ampleur dans la France occupée de 1940 : il faut choisir de vivre dans la droiture morale, quitte à susciter l'incompréhension de son entourage ou de son époque.

De l'éducation des crabes

Sur le sable fin d'une plage
Dame crabe et ses crabillons
crabillonnaient[1] de large en long,
quand le poucet[2] du bataillon
se mit à marcher droit ! Contre tous les usages !
« Jésus ! cria sa mère épouvantée, que vois-je ?
Ce petit malheureux a des instincts pervers[3] !
Mon enfant marche de travers. »

L'Amateur d'abîmes, © Stock, 1971.

---

1. ***Crabillons*, *crabillonnaient*** : néologismes qui se rapportent au crabe ; le premier désigne les petits de dame crabe ; le second la manière dont se déplacent les crabes (sur le côté).
2. ***Le poucet*** : le petit, le cadet (allusion au conte « Le Petit Poucet »).
3. ***Pervers*** : qui relèvent de la perversité – c'est-à-dire qui conduisent à des actes immoraux ou contraires à l'ordre social.

L'Écrevisse et sa mère

«Ne marche pas de travers, disait une écrevisse à sa fille, et ne frotte pas tes flancs contre le roc humide. – Mère, répliqua-t-elle, toi qui veux m'instruire, marche droit; je te regarderai et t'imiterai.» Quand on reprend les autres, il convient qu'on vive et marche droit, avant d'en faire leçon.

Ésope, *Fables*, trad. Émile Chambry,
Les Belles Lettres, 1927, rééd. 1985.

II. Le pouvoir des apologues (1) : lumière sur soi

■ Italo Calvino, *Palomar* (1983)

Italo Calvino (1922-1985) est un écrivain italien, théoricien de la littérature (il a appartenu au groupe de l'OuLiPo[1]). Le grand public le connaît surtout pour ses récits dont la forme est proche du conte philosophique et dans lesquels s'exprime une approche tout à la fois poétique, fantastique et humoristique du monde (*Le Vicomte pourfendu*, 1952 ; *Le Baron perché*, 1957 ; *Le Chevalier inexistant*, 1959).

Paru en 1983, *Palomar* met en scène un personnage éponyme uniquement préoccupé par le regard qu'il porte sur ce qui l'environne. « À la suite de mésaventures intellectuelles qui ne méritent pas d'être rappelées, M. Palomar avait décidé que sa principale activité serait de regarder les choses du dehors. » Chaque circonstance de l'existence devient ainsi pour lui l'occasion de s'interroger sur sa façon d'observer le monde. Comme toujours dans les apologues, la symbolique est omniprésente dans cette œuvre, jusque dans l'identité du personnage principal : son nom est celui d'une montagne californienne sur laquelle se trouve installé un observatoire astronomique.

---

1. ***OuLiPo*** (acronyme pour OUvroir de LIttérature POtentielle) : association fondée en 1960 par l'écrivain et poète Raymond Queneau et le mathématicien François Le Lionnais. Elle explore l'intérêt créateur d'imposer à la littérature des contraintes formelles (par exemple en interdisant l'emploi d'une lettre).

Dans le passage qui suit, les tentatives de Palomar pour regarder la nudité féminine avec contrôle et lucidité, et en échappant à des codes moraux préexistants, sont constamment mises à mal. Inavoué (mais perceptible dans les mots qu'il emploie), l'intérêt même que Palomar prête à la poitrine dénudée de la baigneuse le conduit à l'échec. La neutralité du regard qu'on porte sur le monde est une illusion : non seulement il est difficile de se soustraire aux codes moraux préexistants, mais on choisit toujours affectivement ce qu'on veut regarder. Cette réflexion sur le regard est aussi réflexion sur soi : la complexité de celui qui regarde s'ajoute à celle du monde dont le sens n'existe pas de manière unique et objective en dehors de la vision qu'on en a.
De tout cela Palomar fait l'expérience, dans une sorte de parcours philosophique plein d'humour, multipliant analyses et arguments.

Le Sein nu

Monsieur Palomar marche le long d'une plage déserte. Il rencontre de rares baigneurs. Une jeune femme est allongée sur le sable et prend le soleil les seins nus. Palomar, en homme discret, détourne son regard vers l'horizon marin. Il sait qu'en de pareilles circonstances, à l'approche d'un inconnu, les femmes souvent se hâtent de se couvrir, et cela ne lui semble pas bien : c'est dérangeant pour la baigneuse qui prenait tranquillement le soleil ; le passant se sent un gêneur ; le tabou[1] de la nudité se trouve implicitement confirmé ; enfin, le respect des conventions à moitié est source d'insécurité et d'incohérence dans le comportement, plutôt que de liberté et de franchise.

C'est pourquoi, dès qu'il voit se profiler de loin le nuage rose bronze d'un torse nu féminin, il se hâte de détourner la tête de façon que la trajectoire de son regard reste suspendue dans le vide

1. ***Tabou*** : interdit d'ordre religieux, culturel ou moral qui pèse sur quelque chose.

et témoigne de son respect courtois[1] pour l'invisible frontière qui enveloppe les personnes.

Cependant, pense-t-il en avançant et en rendant leur liberté de mouvement à ses globes oculaires, dès que l'horizon est dégagé, ainsi faisant, j'affecte un refus de voir, c'est-à-dire que je finis moi aussi par renforcer la convention[2] qui considère comme illicite la vue d'un sein, ou plutôt j'institue une sorte de soutien-gorge mental suspendu entre mes yeux et cette poitrine qui m'a semblé fraîche et agréable à voir, d'après ce que j'en ai entrevu aux limites de mon champ visuel. En somme, ma façon de ne pas regarder présuppose que je suis en train de songer à cette nudité, que je m'en soucie, et il y a là, au fond, une attitude rétrograde[3], indiscrète.

En revenant de sa promenade, Palomar passe à nouveau devant la baigneuse, et cette fois il regarde fixement devant lui, en sorte qu'il effleure avec une équitable uniformité l'écume des vagues qui se retirent, la coque des barques tirées sur le rivage, le drap de bain étendu sur le sable, la rondeur lunaire de la peau claire avec l'auréole brune du tétin, et dans la brume le profil de la côte, grise contre le ciel.

Voilà, réfléchit-il, satisfait de lui-même, en poursuivant son chemin, j'ai réussi à ce que le sein soit complètement absorbé dans le paysage, et que mon regard ne pèse pas plus que le regard d'une mouette ou d'un merlan.

Mais agir ainsi, est-ce vraiment juste ? réfléchit-il encore, ou bien n'est-ce pas une façon d'aplatir la personne humaine au niveau des choses, de la considérer comme un objet, et, ce qui est pire, considérer comme un objet ce qui dans la personne est propre au sexe féminin ? Ne suis-je pas en train de perpétuer la vieille habitude de la suprématie masculine, endurcie par les années dans son insolence routinière ?

1. ***Courtois*** : d'une politesse raffinée.
2. ***Convention*** : règle reconnue et acceptée par tous.
3. ***Rétrograde*** : qui revient en arrière ; opposée au progrès.

Il se tourne donc et revient sur ses pas. Maintenant, en parcourant du regard la plage avec une objectivité impartiale[1], il fait en sorte qu'à peine la poitrine de la femme entrée dans son champ visuel on y remarque une discontinuité, un écart, presque un éclair. Le regard avance jusqu'à effleurer la peau tendue, se retire, comme s'il appréciait avec un léger tressaillement la consistance différente de la vision et sa valeur particulière, et pendant un instant il se suspend en l'air, décrivant une courbe qui accompagne le relief du sein à distance, avec un air à la fois évasif et protecteur, pour reprendre ensuite son cours comme si de rien n'était.

Je crois qu'ainsi ma position est bien claire, pense Palomar, sans possibilité de malentendus. Oui, mais ce survol du regard, en fin de compte, ne pourrait-il pas être ressenti comme la marque d'une attitude de supériorité, une sous-évaluation de ce qu'est et signifie un sein, une manière en quelque sorte de le tenir à l'écart, en marge ou entre parenthèses ? Voilà que je recommence à reléguer le sein dans la pénombre où on l'a tenu pendant des siècles de pruderie[2] maniaco-sexuelle[3] et de péché de concupiscence[4]...

Cette interprétation va à l'encontre des meilleures intentions de Palomar, qui, tout en appartenant à une génération pour laquelle la nudité de la poitrine féminine était encore associée à l'idée d'intimité amoureuse, salue cependant favorablement ce changement dans les mœurs : aussi bien pour ce qu'il signifie en tant que reflet d'une ouverture des mentalités que parce que cette vue en particulier lui est agréable. C'est bien cet encouragement désintéressé qu'il voudrait parvenir à exprimer par son regard.

1. ***Objectivité impartiale*** : objectivité complète («impartiale», signifiant «qui ne prend pas parti», renforce le terme « objectivité»).

2. ***Pruderie*** : pudeur excessive et souvent insincère.

3. ***Maniaco-sexuelle*** : que la sexualité obsède de façon maladive.

4. ***Concupiscence*** : désir marqué à l'égard des plaisirs sensuels et sexuels ; la concupiscence est condamnée par la morale chrétienne.

Il fait marche arrière. D'un pas décidé, il se dirige de nouveau vers la femme allongée au soleil. Cette fois, son regard, léchant avec volubilité[1] le paysage, s'arrêtera un instant sur le sein avec des égards particuliers ; mais il se hâtera de l'envelopper d'un élan de bienveillance et de gratitude pour tout, pour le soleil et le ciel, pour les pins recourbés et la dune et le sable, pour les récifs, les nuages et les algues, pour le cosmos qui tourne autour de ces pointes auréolées.

Ceci devrait suffire pour tranquilliser définitivement la baigneuse solitaire et libérer le terrain de toute déduction hâtive et erronée. Seulement voilà : dès qu'il recommence à s'approcher, elle se lève d'un bond, se recouvre, bougonne, s'éloigne avec des haussements d'épaules agacés, comme si elle échappait aux insistances importunes[2] d'un satyre[3].

Le poids mort d'une tradition de mauvaises mœurs empêche d'apprécier à leur juste mérite les intentions les plus éclairées : c'est ce que conclut amèrement Palomar.

Palomar, « Les Vacances de Palomar »,

■ Pierre Bettencourt, *L'Imbécile heureux* (1988)

Peintre, poète et écrivain français, Pierre Bettencourt (1917-2006) fut aussi typographe, imprimant sur sa propre presse à bras ses premiers livres, ainsi que des textes inédits de Francis Ponge, d'Henri Michaux, d'Antonin Artaud et de son ami Jean Dubuffet.

---

1. ***Volubilité*** : ici, le terme est proche de son sens étymologique et désigne le fait de se déplacer avec rapidité et facilité.
2. ***Importunes*** : déplacées et gênantes.
3. ***Satyre*** : homme qui entreprend brutalement les femmes ; voyeur, exhibitionniste.

« L'Imbécile heureux » est un court apologue extrait d'un ouvrage du même nom, publié en 1988 et illustré par Roland Topor[1]. Reprenant la figure de l'imbécile heureux, qui, à en croire la sagesse populaire, échapperait par sa naïveté aux questions angoissantes que suscite la condition humaine, Pierre Bettencourt lui donne une dimension totalement neuve : le bonheur, suggère-t-il, passe paradoxalement par un abandon de la quête de la sagesse, conçue comme une démarche à la fois philosophique et abstraite.

L'Imbécile heureux

J'ai passé toute ma vie à chercher, chercher. Chercher Dieu, chercher la vérité, chercher ma route, un ami, une femme, chercher une paire de lunettes que j'avais sur le bout de mon nez.

Et puis un beau jour je me suis dit m…, je vais faire comme si j'avais trouvé.

Ma vie a alors changé du tout au tout. Subitement je VOYAIS. Je voyais l'héliotrope, et même le pissenlit qui s'ouvrait ou se fermait, selon que la lumière de l'astre du jour brillait ou ne brillait plus.

C'est cela, c'est comme si je restais ouvert tout le temps. Avec un Soleil en moi qui ne se fermait plus, même la nuit quand je dormais. Et j'étais allongé au soleil sur une plage de sable noir, et j'allais faire la planche dans l'eau douce qui me portait. Je ne cherchais plus rien. J'étais heureux.

L'Imbécile heureux, © La Pierre d'Alun, 1988.

1. ***Roland Topor*** (1938-1997) : artiste français aux multiples talents ; illustrateur, dessinateur et peintre, il fut aussi écrivain, poète et chansonnier, ainsi qu'acteur et cinéaste. Son univers est marqué par un humour noir toujours proche de l'absurde.

■ Italo Calvino, *La Grande Bonace des Antilles* – 1 (1997)

La Grande Bonace[1] *des Antilles* rassemble des récits, pour certains inédits, rédigés par Italo Calvino entre 1943 et 1984 (voir aussi p. 42 et 98). Chacun dévoile un aspect du monde contemporain – complexe, voire absurde –, dans lequel l'homme peine souvent à trouver le bonheur ou à percevoir le sens de son parcours. On retrouve dans ces textes courts le mélange d'humour et d'amertume qui caractérise l'ensemble de l'œuvre de l'auteur.
Prolongeant l'apologue de Pierre Bettencourt (ci-contre), « L'Éclair » décrit une révélation étrange. Son personnage est confronté à la même question que celle qui anime le narrateur de « L'Imbécile heureux » – comment appréhender le sens du monde ? –, mais sa découverte est diamétralement opposée. L'« éclair » de lucidité consiste à entrevoir, de façon évidente mais fugace, que le sens du monde repose sur des conventions que rien ne justifie de manière fondamentale.
Alors que l'expérience de l'absurde – c'est-à-dire du sentiment que rien n'a de sens – est généralement vécue comme angoissante, Calvino en fait une étape salutaire pour chacun.
Interroger la somme des conventions qui composent notre univers, en leur accordant un regard neuf, pourrait résumer la finalité de tout apologue : déchirer le voile des évidences admises pour questionner leur signification – répondre à « une sagesse différente », selon les mots du texte.

L'Éclair

Cela m'est arrivé un jour, à un croisement, au milieu de la foule, dans les allées et venues.

Je me suis arrêté, j'ai cligné des yeux : je ne comprenais rien. Rien, rien du tout : je ne comprenais pas la raison des choses, des hommes, plus rien n'avait de sens, tout était absurde.

Et je me suis mis à rire.

1. ***Bonace*** : terme du vocabulaire maritime qui désigne le calme plat de la mer après ou avant une tempête.

Ce qui était bizarre pour moi, c'était que je ne me sois aperçu de rien avant. Et que j'aie tout accepté jusqu'alors : feux de circulation, véhicules, affiches, uniformes, monuments, toutes ces choses si détachées du sens du monde, comme s'il y avait eu une nécessité, une cohérence, qui les liait les unes aux autres.

Alors le rire mourut dans ma gorge, je rougis de honte. Je me suis mis à gesticuler, pour attirer l'attention des passants, et j'ai crié :

« Arrêtez-vous un instant ! Il y a quelque chose qui ne va pas ! Tout est faux ! Tout ce que nous faisons est absurde ! Cela ne peut pas être le bon chemin ! Comment ça va finir ? »

Les gens se sont arrêtés autour de moi, ils me dévisageaient avec curiosité. Je demeurais là, au milieu, je gesticulais, je brûlais de m'expliquer, de leur faire part de l'éclair de lumière qui m'avait touché tout d'un coup : et je restais sans rien dire. Sans rien dire car, à l'instant même où j'avais levé les bras et ouvert la bouche, ma grande révélation avait été comme avalée et tous les mots étaient sortis de moi comme ça, machinalement.

« Eh bien, demandaient les gens, que voulez-vous dire ? Tout est à sa place. Tout va comme il faut. Chaque chose est la conséquence d'une autre. Chaque chose est rangée dans l'ordre avec les autres. Nous ne voyons rien d'absurde ou d'injustifié ! »

Et je suis resté là, perdu, parce que devant mes yeux tout était revenu à sa place et me semblait naturel : feux de circulation, monuments, uniformes, gratte-ciel, rails, mendiants, cortèges ; et pourtant je ne parvenais pas à retrouver mon calme, j'étais toujours inquiet.

« Excusez-moi, ai-je répondu. C'est peut-être moi qui me trompe. J'avais eu cette impression. Mais tout est à sa place. Excusez-moi. »

Je me suis frayé un chemin au milieu de leurs regards braqués.

Et pourtant, aujourd'hui encore, chaque fois (souvent) qu'il m'arrive de ne pas comprendre quelque chose, alors, instinctivement, je suis envahi par l'espoir que ce soit de nouveau la bonne occasion, pour revenir à l'état où je ne comprenais plus rien, pour m'emparer de cette sagesse différente, trouvée et perdue au même instant.

La Grande Bonace des Antilles,

■ Italo Calvino, *La Grande Bonace des Antilles* – 2 (1997)

Comme « L'Éclair » (p. 39), « Un général dans la bibliothèque » est extrait du recueil d'Italo Calvino *La Grande Bonace des Antilles*.
Envoyés par leur hiérarchie dans une bibliothèque pour rendre compte des effets subversifs et dangereux des livres, un général, des lieutenants et des soldats vont être les heureuses victimes de la force subversive, donc émancipatrice, des ouvrages qu'ils passent leur temps à compulser.
La saveur de l'apologue réside dans la description minutieuse du rapport qui se noue, à leur insu, entre les militaires – lecteurs obligés – et les ouvrages qu'ils consultent. Les livres exposent des points de vue multiples, voire contradictoires. Progressivement et d'une façon que n'avait pas prévue l'état-major, les soldats prennent goût à cette contradiction, dans un mouvement irréversible.
Empruntant les traits du conte – l'histoire, aux repères temporels imprécis (« un jour » ; « Un beau matin »), se déroule dans une nation imaginaire, la Pandurie, et met en scène des personnages stéréotypés (tout oppose, au début, les militaires et le bibliothécaire lettré Crispino) –, le texte constitue un éloge de la littérature mais aussi de l'apologue lui-même. Tout d'abord ignorants, les soldats et officiers vont apprendre à exercer leur capacité de jugement, mimant l'attitude qu'un récit à valeur d'apologue réclame de ses lecteurs : réexaminer des valeurs qu'ils pensaient établies ou faire leurs des valeurs qu'ils découvrent.
Indirectement, Italo Calvino se plaît à rappeler que la complexité des textes incite à la concentration et permet, entre la pensée de l'auteur et celle du lecteur, ce que Proust appelle le « miracle fécond d'une communication au sein de la solitude[1] ».

---

1. Proust, *Sur la lecture*, 1905 (texte de préface à sa traduction de *Sésame et les lys*, de John Ruskin).

Un général dans la bibliothèque

En Pandurie, une nation illustre, un soupçon s'insinua un jour dans les esprits des hauts officiers : les livres pouvaient contenir des opinions contraires au prestige militaire. En effet, à la suite de procès et d'enquêtes, il était apparu qu'une grande quantité de livres, modernes et anciens, panduriens et étrangers, partageait cette habitude désormais si répandue de considérer les généraux comme des personnes qui peuvent elles aussi se tromper et causer des désastres, et les guerres comme quelque chose de différent, parfois, des chevauchées radieuses[1] vers des destins glorieux.

L'état-major[2] de Pandurie se réunit pour faire le point sur la situation. Mais ils ne savaient par où commencer parce que, en matière de bibliographie[3], aucun d'eux n'était très ferré[4]. On nomma une commission d'enquête, sous les ordres du général Fedina, officier scrupuleux et sévère. La commission examinerait tous les livres de la plus grande bibliothèque de Pandurie.

Cette bibliothèque se trouvait dans un ancien palais plein d'escaliers et de colonnes, décrépi et croulant par endroits. Dans ses salles froides, pleines à craquer, partiellement impraticables, s'entassaient les livres ; seuls les rats avaient la possibilité d'explorer l'ensemble des recoins. Le budget de l'État pandurien, grevé[5] par des dépenses militaires considérables, ne pouvait fournir aucune aide.

Les militaires prirent possession de la bibliothèque par un matin pluvieux de novembre. Le général descendit de son cheval,

---

1. ***Radieuses*** : au sens propre, rayonnantes, qui brillent d'un grand éclat. Ici, le mot est employé au sens figuré ; il signifie « rayonnantes de perfection ».
2. ***État-major*** : commandement militaire.
3. ***Bibliographie*** : liste des ouvrages d'un même auteur ou liste des ouvrages traitant d'un même sujet.
4. ***Ferré*** : instruit, ayant des connaissances solides sur un sujet.
5. ***Grevé*** : accablé, sérieusement mis à mal.

courtaud[1] et trapu, bombant le torse, sa grosse nuque tondue ras, les sourcils froncés au-dessus de son *pince-nez*[2] ; quatre échalas[3], des lieutenants, descendirent de voiture, menton haut dressé et paupières baissées, chacun avec sa serviette à la main. Puis arriva une équipe de soldats qui campèrent dans l'ancienne cour, avec leurs mulets, des bottes de foin, des tentes, des cuisines, des radios de campagne[4] et des drapeaux de signalisation.

Des sentinelles furent placées aux portes, ainsi qu'une pancarte qui interdisait l'entrée, « à cause des grandes manœuvres, pour toute la durée de celles-ci ». C'était un expédient[5], pour que l'on pût mener l'enquête en grand secret. Les chercheurs qui avaient l'habitude de se rendre à la bibliothèque tous les matins, emmitouflés dans leurs manteaux, avec des écharpes et des passe-montagnes pour ne pas se geler, durent faire marche arrière. Ils se demandaient, perplexes : « Comment ça, les grandes manœuvres dans la bibliothèque ? Ne vont-ils pas mettre du désordre ? Et la cavalerie ? Vont-ils faire aussi du tir ? »

Parmi le personnel de la bibliothèque il ne resta qu'un petit vieux, M. Crispino, conservé pour expliquer aux officiers l'emplacement des volumes. C'était un petit bonhomme, avec un crâne chauve en forme d'œuf et des yeux comme des têtes d'épingle derrière ses lunettes.

Le général Fedina s'occupa tout d'abord de l'organisation logistique[6], les ordres étant que la commission ne sortît pas de la bibliothèque avant d'avoir achevé l'enquête ; c'était un travail qui demandait de la concentration et ils ne devaient

---

1. ***Courtaud*** : de taille courte et un peu épaisse.
2. ***En français dans le texte*** (note du traducteur).
3. ***Échalas*** : au sens figuré, personnes grandes et maigres (au sens propre, le terme désigne un bâton utilisé comme tuteur).
4. ***Radios de campagne*** : postes mobiles de radiodiffusion, pour les communications militaires.
5. ***Expédient*** : ruse, moyen ingénieux de surmonter une difficulté.
6. ***Organisation logistique*** : organisation matérielle et technique.

pas être distraits. Aussi se procurèrent-ils des stocks de vivres, quelques poêles de caserne, une provision de bois à laquelle s'ajoutèrent des recueils de vieilles revues, estimées peu intéressantes. Il n'avait jamais fait aussi chaud dans la bibliothèque, en cette saison. Dans des endroits sûrs, entourés de souricières, on plaça les lits de camp où dormiraient le général et ses officiers.

Puis on procéda au partage des tâches. À chacun des lieutenants furent assignées des branches déterminées du savoir, des siècles déterminés d'histoire. Le général contrôlerait le tri des volumes et apposerait divers tampons selon que le livre serait déclaré lisible par les officiers, les sous-officiers, la troupe, ou bien devrait être dénoncé auprès du tribunal militaire.

Et la commission commença son travail. Chaque soir la radio de campagne transmettait le rapport du général Fedina au commandement supérieur. «Examiné tel nombre de volumes. Retenu tant comme suspects. Déclaré tant comme lisibles pour officiers et troupe.» Ces chiffres sévères étaient rarement accompagnés de quelque communication extraordinaire : la requête d'une paire de lunettes pour un lieutenant presbyte[1] qui avait cassé les siennes, la nouvelle qu'un mulet, laissé sans surveillance, avait mangé un codex[2] rare de Cicéron[3].

Mais des événements d'une portée bien plus grande, dont la radio de camp ne transmettait aucune nouvelle, étaient en train de mûrir. La forêt des livres, au lieu de s'éclaircir, semblait devenir de plus en plus enchevêtrée et

1. ***Presbyte*** : atteint de presbytie, défaut de la vue empêchant de voir avec netteté les objets rapprochés.

2. ***Codex*** : ouvrage manuscrit consistant en un assemblage de feuilles de parchemin (forme proche de nos livres actuels, qu'on distingue du rouleau de papyrus, nommé *volumen*).

3. ***Cicéron*** (106-43 av. J.-C.) : auteur, orateur et homme politique contemporain de Jules César.

insidieuse[1]. Les officiers se seraient perdus, n'eût été l'aide[2] fournie par M. Crispino.

Le lieutenant Abrogati, par exemple, se levait brusquement et jetait sur la table le volume qu'il était en train de lire : « Mais c'est inouï ! Un livre sur les guerres puniques[3] qui parle bien des Carthaginois et qui critique les Romains ! Il faut le dénoncer tout de suite ! » (Il faut dire que les Panduriens, à tort ou à raison, se considéraient comme les descendants des Romains.) De son pas silencieux dans ses pantoufles de feutre, le vieux bibliothécaire s'approchait de lui. « Et ce n'est encore rien, disait-il, lisez là, toujours à propos des Romains, ce qui est écrit ; vous pourrez verbaliser[4] celui-ci, et celui-ci, et celui-là. » Et il lui soumettait une pile de volumes. Le lieutenant commençait à les feuilleter nerveusement, il lisait, de plus en plus intéressé, prenait des notes. Et il se grattait la tête en marmonnant : « Parbleu ! On en apprend tous les jours ! Mais qui l'eût cru ! »

M. Crispino s'approchait du lieutenant Lucchetti, qui refermait furieusement un tome en disant : « C'est du beau ! Ils ont ici le culot d'exprimer des doutes sur la pureté des idéaux des croisades[5] ! Oui, messieurs, des croisades ! » Et M. Crispino, tout souriant : « Ah, si vous devez dresser un procès-verbal sur cet argument, je peux vous suggérer quelques autres livres où vous trouverez plus de détails. » Et il ramenait la moitié d'un rayonnage. Le lieutenant Lucchetti fonçait tête baissée, et pendant une

---

1. ***Insidieuse*** : pleine de pièges, trompeuse.

2. ***N'eût été l'aide*** : s'il n'y avait pas eu l'aide (niveau de langue soutenu ou littéraire).

3. ***Guerres puniques*** : guerres qui opposèrent Rome et Carthage dans l'Antiquité.

4. ***Verbaliser*** : dresser un procès-verbal pour constater que la loi a été enfreinte.

5. ***Croisades*** : expéditions militaires menées du XIe au XIIIe siècle par l'Europe chrétienne, sous l'impulsion des papes successifs, pour délivrer la Terre sainte (nom donné par les chrétiens à la région où est né et a vécu Jésus-Christ) de l'occupation musulmane.

semaine on l'entendait feuilleter et murmurer : « Ces croisades alors ! C'est du beau ! »

Sur le communiqué que la commission établissait tous les soirs, le nombre des livres examinés était de plus en plus élevé, mais on ne reportait plus aucune donnée sur les verdicts positifs ou négatifs. Les tampons du général Fedina demeuraient inactifs. Si, cherchant à contrôler le travail des lieutenants, il demandait à l'un d'eux : « Comment se fait-il que tu aies laissé passer ce roman ? La troupe y est mieux mise en valeur que les officiers ! C'est un auteur qui ne respecte pas l'ordre hiérarchique ! », le lieutenant lui répondait en citant d'autres auteurs et en s'embarquant dans des raisonnements historiques, philosophiques et économiques. Il en naissait des discussions d'ordre général, qui se poursuivaient pendant des heures et des heures. M. Crispino, silencieux dans ses pantoufles, presque invisible dans sa blouse grise, intervenait toujours au moment opportun, apportant un livre qui, à son avis, contenait des détails intéressants sur la question, et qui avait toujours pour effet de mettre à l'épreuve les convictions du général Fedina.

Pendant ce temps, les soldats n'avaient pas grand-chose à faire et s'ennuyaient. L'un d'eux, Barabasso, le plus instruit, demanda aux officiers un livre à lire. Sur le moment, ils voulurent lui donner l'un des très rares livres qui avaient été déclarés lisibles par la troupe ; mais en songeant aux milliers de volumes qu'il restait à examiner encore, le général refusa que les heures de lecture du soldat Barabasso soient perdues pour le service ; et il lui donna un autre livre à examiner, un roman qui semblait facile, sur les conseils de M. Crispino ; après avoir lu le livre, Barabasso devait en référer[1] auprès du général. D'autres soldats aussi demandèrent et obtinrent de faire la même chose. Le soldat Tommasone lisait à haute voix à l'un de ses camarades,

1. ***Référer*** : rendre compte.

analphabète, et celui-ci donnait son avis. Les soldats, eux aussi, commencèrent à prendre part aux discussions générales.

Sur la poursuite des travaux de la commission, on ne connaît pas beaucoup de détails : ce qui eut lieu dans la bibliothèque pendant les longues semaines d'hiver n'a pas été relaté. Le fait est que les rapports radiophoniques du général Fedina arrivèrent de plus en plus rarement à l'état-major de Pandurie, jusqu'à ce qu'ils cessent tout à fait. Le commandement suprême commença à s'alarmer ; il transmit l'ordre de conclure l'enquête au plus vite et de présenter un rapport exhaustif[1].

Cet ordre parvint à la bibliothèque alors que l'esprit de Fedina et de ses hommes était en proie à des sentiments opposés : d'une part, ils découvraient à chaque instant de nouvelles curiosités à satisfaire et prenaient goût à ces lectures et à ces études comme jamais auparavant ils ne l'auraient imaginé ; d'autre part, ils se demandaient quand ils reviendraient parmi les gens et reprendraient contact avec la vie, qui leur apparaissait à présent d'autant plus complexe, presque renouvelée à leurs yeux ; et d'autre part encore, l'approche du jour où ils quitteraient la bibliothèque leur donnait beaucoup d'appréhension, parce qu'il fallait qu'ils rendent compte de leur mission, et, avec toutes les idées qui se mettaient à jaillir dans leurs têtes, ils ne savaient plus comment s'en sortir.

Le soir, ils regardaient à travers les vitres des fenêtres les premiers bourgeons sur les branches éclairées par le soleil couchant, et les lumières de la ville qui s'allumaient, tandis que l'un d'eux lisait à haute voix les vers d'un poète. Le général Fedina n'était pas avec eux : il avait donné l'ordre qu'on le laissât seul à son bureau, parce qu'il devait rédiger le rapport final. Mais de temps en temps on entendait résonner la sonnette et sa voix qui appelait : « Crispino ! Crispino ! » Il n'arrivait pas à avancer sans l'aide du vieux bibliothécaire, et ils finirent par s'asseoir à la même table et par rédiger ensemble le rapport.

1. ***Exhaustif*** : complet.

Un beau matin, enfin, la commission sortit de la bibliothèque et alla au rapport auprès du commandement suprême ; et le général Fedina exposa les résultats de l'enquête devant l'état-major réuni. Son discours était une sorte d'abrégé de l'histoire de l'humanité des origines à nos jours, dans lequel toutes les idées les moins discutables pour les bien-pensants de Pandurie étaient critiquées, les classes dirigeantes dénoncées comme responsables des malheurs de la patrie, le peuple exalté en tant que victime héroïque de guerres et de politiques erronées. C'était un exposé un peu confus, avec des affirmations souvent simplistes et contradictoires, comme cela arrive à ceux qui ont embrassé depuis peu de nouvelles idées. Mais on ne pouvait nourrir de doutes sur la signification d'ensemble. L'assemblée des généraux de Pandurie resta abasourdie, écarquilla les yeux, retrouva sa voix, cria. Le général n'eut même pas la possibilité de terminer. On parla de dégradation[1], de procès. Puis, par crainte de scandales plus graves, le général et les quatre lieutenants furent mis à la retraite pour raisons de santé, à cause d'« une dépression nerveuse grave contractée pendant le service ». Habillés en civil, on les vit entrer souvent, emmitouflés dans des manteaux matelassés pour ne pas se geler, dans la vieille bibliothèque, où les attendait M. Crispino avec ses livres.

La Grande Bonace des Antilles,

1. ***Dégradation*** : privation d'un grade militaire.

■ Jorge Luis Borges, *L'Aleph*[1], 1949

Homme de lettres argentin, Jorge Luis Borges (1899-1986) est un écrivain aux talents multiples : poète, essayiste, traducteur, critique littéraire, il est aussi considéré comme l'un des maîtres de la nouvelle fantastique. Le poète Roger Caillois, qui a traduit en français « L'Écriture du Dieu » (publié la première fois dans une revue argentine en février 1949), qualifie Borges d'« inventeur du conte métaphysique[2] ».

Nourries de préoccupations théologiques, ses nouvelles, extrêmement érudites et parfois complexes, abordent des sujets relevant habituellement du champ de la philosophie. L'histoire racontée ci-après est une réflexion morale sur le lien entre pouvoir et identité. La nouvelle évoque la destruction de l'Empire aztèque par les conquistadors espagnols au début du XVIe siècle. Le mage[3] Tzinacán est emprisonné par ces derniers. Dans sa cellule, il se souvient que son dieu, à la naissance du monde, a écrit une formule capable de conjurer tous les maux à la fin des temps, et pense être celui qui saura retrouver cette sentence[4] magique.

Plus profondément, à la manière du docteur Faust dans la tradition mythologique moderne, il rêve de comprendre de façon entière et absolue le sens de l'univers. Sa quête aboutit mais sa condition d'homme et son parcours individuel en sont radicalement transformés.

---

1. L'***aleph*** est la première lettre de l'alphabet hébreu (elle correspond à l'*alpha* grec) ; le titre du recueil annonce que les nouvelles qu'il regroupe vont traiter de sujets premiers, c'est-à-dire fondamentaux.
2. ***Métaphysique*** : qui relève de la métaphysique, c'est-à-dire de la partie fondamentale de la réflexion philosophique, qui porte sur la recherche des causes, des premiers principes.
3. ***Mage*** : prêtre (ici de la religion aztèque).
4. ***Sentence*** : formule de nature solennelle.

L'Écriture du Dieu

La prison est profonde. Elle est en pierre. Sa forme est celle d'une demi-sphère presque parfaite ; le sol, qui est aussi en pierre, l'arrête un peu avant le plus grand cercle, ce qui accentue de quelque manière les sentiments d'oppression et d'espace. Un mur la coupe en son milieu. Il est très haut, mais n'atteint pas la partie supérieure de la coupole. D'un côté, il y a moi, Tzinacán, mage de la pyramide de Qaholom, qui fut incendiée par Pedro de Alvarado[1] ; de l'autre, il y a un jaguar qui mesure à pas égaux et invisibles le temps et l'espace de sa cellule. Au ras du sol, une large fenêtre munie de barreaux s'ouvre dans le mur central. À l'heure sans ombre [midi], on ouvre une trappe dans le haut et un geôlier, que les années ont petit à petit effacé, manœuvre une poulie de fer et nous descend à l'extrémité d'un câble des cruches d'eau et des morceaux de viande. La lumière pénètre alors dans l'oubliette ; c'est le moment où je peux voir le jaguar.

Je ne sais plus le nombre des années que j'ai passées dans la ténèbre. Moi qui autrefois fus jeune et qui pouvais marcher dans cette prison, je ne fais plus autre chose qu'attendre, dans l'attitude de ma mort, la fin que les dieux me destinent. Avec le profond couteau de silex, j'ai ouvert la poitrine des victimes[2]. Maintenant je ne pourrai pas sans l'aide de la magie me lever de la poussière.

La veille de l'incendie de la pyramide, des hommes qui descendirent de hauts chevaux me tourmentèrent avec des métaux ardents pour que je leur révèle la cachette d'un trésor. Ils renversèrent devant mes yeux la statue du dieu, mais celui-ci

---

1. ***Pedro de Alvarado*** (v. 1495-1541) : conquistador qui, sous les ordres de Hernán Cortés, participa à la conquête de l'Empire aztèque pour le compte de l'empereur Charles Quint au début du XVIe siècle.

2. La religion aztèque recourait aux sacrifices humains pour s'attirer les faveurs des dieux ou pour faire expier les fautes de la communauté.

ne m'abandonnera pas et je suis resté silencieux dans les tortures. Ils me lacérèrent, me brisèrent, me déformèrent. Puis je me réveillai dans cette prison que je ne quitterai plus durant ma vie de mortel.

Poussé par la nécessité de faire quelque chose, de peupler le temps, je voulus me souvenir, dans cette ombre, de tout ce que je savais. Je gaspillai des nuits entières à me rappeler l'ordre et le nombre de certains serpents de pierre, la forme d'un arbre médicinal. De cette manière, je mis en fuite les années et je pris possession de tout ce qui m'appartenait. Une nuit, je sentis que j'approchais d'un souvenir précieux : avant de voir la mer, le voyageur perçoit une agitation dans son sang. Quelques heures après, je commençai à entrevoir ce souvenir. C'était une des traditions qui concernent le dieu. Prévoyant qu'à la fin des temps se produiraient beaucoup de malheurs et de ruines, il écrivit le premier jour de la création une sentence[1] magique capable de conjurer[2] tous ces maux. Il l'écrivit de telle sorte qu'elle parvienne aux générations les plus éloignées et que le hasard ne puisse l'altérer[3]. Personne ne sait où il l'écrivit ni avec quelles lettres, mais nous ne doutons pas qu'elle subsiste quelque part, secrète, et qu'un élu un jour ne doive la lire. Je réfléchis alors que nous nous trouvions, comme toujours, à la fin des temps et que ma condition de dernier prêtre du dieu me donnerait peut-être le privilège de déchiffrer cette écriture. Le fait que les murs d'une prison m'entouraient ne m'interdisait pas cette espérance. Peut-être avais-je vu des milliers de fois l'inscription à Qaholom et il ne m'avait manqué que de la comprendre.

Cette pensée me donna du courage, puis me plongea dans une espèce de vertige. Sur toute l'étendue de la terre, il existe

1. ***Sentence*** : formule de nature solennelle.
2. ***Conjurer*** : écarter, éviter.
3. ***Altérer*** : modifier en dégradant ou en faussant.

des formes antiques, des formes incorruptibles[1] et éternelles. N'importe laquelle d'entre elles pouvait être le symbole cherché ; une montagne pouvait être la parole du dieu, ou un fleuve, ou l'empire, ou la disposition des astres. Mais, au cours des siècles, les montagnes s'usent et le cours d'un fleuve dévie, et les empires connaissent des changements et des catastrophes, et la figure des astres varie. Jusque dans le firmament, il y a mutation. La montagne et l'étoile sont des individus, et les individus passent. Je cherchai quelque chose de plus tenace, de moins vulnérable. Je pensai aux générations des céréales, des herbes, des oiseaux, des hommes. Peut-être la formule était-elle écrite sur mon visage et j'étais moi-même le but de ma recherche. À ce moment, je me souvins que le jaguar était un des attributs du dieu.

Alors la piété[2] emplit mon âme. J'imaginai le premier matin du temps. J'imaginai mon dieu confiant son message à la peau vivante des jaguars qui s'accoupleraient et s'engendreraient sans fin dans les cavernes, dans les plantations, dans les îles, afin que les derniers hommes le reçoivent. J'imaginai ce réseau de tigres, ce brûlant labyrinthe de tigres, répandant l'horreur dans les prés et les troupeaux, pour conserver un dessin. La cellule adjacente[3] contenait un jaguar. Dans ce voisinage j'aperçus la confirmation de ma conjecture[4] et une secrète faveur.

Je passai de longues années à apprendre l'ordre et la disposition des taches. Chaque aveugle journée me consentait un instant de lumière et je pouvais alors fixer dans ma mémoire les formes noires qui marquaient le pelage jaune. Quelques-unes figuraient des points, d'autres formaient des raies transversales sur la face intérieure des pattes ; d'autres, annulaires[5], se répétaient. Peut-

1. ***Incorruptibles*** : qui ne sont pas soumises à la corruption, c'est-à-dire à la dégradation.
2. ***Piété*** : fervent attachement (ici à la divinité).
3. ***Adjacente*** : voisine.
4. ***Conjecture*** : hypothèse.
5. ***Annulaires*** : dont le dessin imite des anneaux.

être était-ce un même son ou un même mot. Beaucoup avaient des bords rouges.

Je ne dirai pas mes fatigues et ma peine. Plus d'une fois, je criai aux murs qu'il était impossible de déchiffrer un pareil texte. Insensiblement, l'énigme concrète qui m'occupait me tourmenta moins que l'énigme générique[1] que constitue une sentence écrite par un dieu. «Quelle sorte de sentence, me demandais-je, devait formuler une intelligence absolue?» Je réfléchis que, même dans les langages humains, il n'y a pas de proposition qui ne suppose pas l'univers entier. Dire «le tigre», c'est dire les tigres qui l'engendrèrent, les cerfs et les tortues qu'il dévora, l'herbe dont se nourrissent les cerfs, la terre qui fut la mère de l'herbe, le ciel qui donna le jour à la terre. Je réfléchis encore que, dans le langage d'un dieu, toute parole énoncerait cet enchaînement infini de faits, et non pas d'un mode implicite, mais explicite, et non pas d'une manière progressive, mais instantanée. Avec le temps, la notion même d'une sentence divine me parut puérile et blasphématoire[2], «Un dieu, pensai-je, ne doit dire qu'un seul mot et qui renferme la plénitude. Aucune parole articulée par lui ne peut être inférieure à l'univers ou moins complète que la somme du temps. Les pauvres mots ambitieux des hommes, *tout, monde, univers*, sont des ombres, des simulacres[3] de ce vocable qui équivaut à un langage et à tout ce que peut contenir un langage».

Un jour ou une nuit – entre mes jours et mes nuits, quelle différence y a-t-il? – je rêvai que, sur le sol de ma prison, il y avait un grain de sable. Je m'endormis de nouveau, indifférent. Je rêvai que je m'éveillais et qu'il y avait deux grains de sable. Je me rendormis et je rêvai que les grains de sable étaient trois. Ils se multiplièrent ainsi jusqu'à emplir la prison, et moi, je mourais sous cet hémisphère de sable. Je compris que j'étais en train de

1. ***Générique*** : liée à l'existence même d'un fait.
2. ***Blasphématoire*** : qui insulte la divinité.
3. ***Simulacres*** : apparences qui se donnent pour la réalité.

rêver, je me réveillai au prix d'un grand effort. Me réveiller fut inutile : le sable m'étouffait. Quelqu'un me dit : «Tu ne t'es pas réveillé à la veille, mais à un songe antérieur. Ce rêve est à l'intérieur d'un autre, et ainsi de suite à l'infini, qui est le nombre des grains de sable. Le chemin que tu devras rebrousser est interminable; tu mourras avant de t'être réveillé réellement.»

Je me sentis perdu. Le sable me brisait la bouche, mais je criai : «Un sable rêvé ne peut pas me tuer et il n'y a pas de rêves qui soient dans d'autres rêves.» Une lueur me réveilla. Dans la ténèbre supérieure, se dessinait un cercle de lumière. Je vis les mains et le visage du geôlier, la poulie, la corde, la viande et les cruches.

Un homme s'identifie peu à peu avec la forme de son destin; un homme devient à la longue ses propres circonstances. Plus qu'un déchiffreur ou un vengeur, plus qu'un prêtre du dieu, j'étais un prisonnier. De l'infatigable labyrinthe de rêves, je retournai à la dure prison comme à ma demeure. Je bénis son humidité, je bénis son tigre, je bénis le soupirail, je bénis mon vieux corps douloureux, je bénis l'obscurité de la pierre.

Alors arriva ce que je ne puis oublier ni communiquer. Il arriva mon union avec la divinité, avec l'univers (je ne sais si ces deux mots diffèrent). L'extase ne répète pas ses symboles. L'un a vu Dieu dans un reflet, l'autre l'a perçu dans une épée ou dans les cercles d'une rose. J'ai vu une Roue très haute qui n'était pas devant mes yeux, ni derrière moi, ni à mes côtés, mais partout à la fois. Cette Roue était faite d'eau et aussi de feu et elle était, bien qu'on en distinguât le bord, infinie. Entremêlées, la constituaient toutes les choses qui seront, qui sont et qui furent. J'étais un fil dans cette trame totale, et Pedro de Alvarado, qui me tortura, en était un autre. Là résidaient les causes et les effets et il me suffisait de voir la Roue pour tout comprendre, sans fin. Ô joie de comprendre, plus grande que celle d'imaginer ou de sentir! Je vis l'univers et je vis les desseins[1] intimes de l'univers. Je vis les

1. ***Desseins*** : buts, visées.

origines que raconte le Livre du Conseil. Je vis les montagnes qui surgirent des eaux. Je vis les premiers hommes qui étaient de la substance des arbres. Je vis les jarres qui attaquèrent les hommes. Je vis les chiens leur déchirant le visage. Je vis le dieu sans visage qui est derrière les dieux. Je vis des cheminements infinis qui formaient une seule béatitude[1] et, comprenant tout, je parvins aussi à comprendre l'écriture du tigre.

C'est une formule de quatorze mots fortuits[2] (qui paraissent fortuits). Il me suffirait de la prononcer à voix haute pour devenir tout-puissant. Il me suffirait de la prononcer pour anéantir cette prison de pierre, pour que le jour pénètre dans ma nuit, pour être jeune, pour être immortel, pour que le tigre déchire Alvarado, pour que le couteau sacré s'enfonce dans les poitrines espagnoles, pour reconstruire la pyramide, pour reconstituer l'empire. Quarante syllabes, quatorze mots, et moi, Tzinacán, je gouvernerais les terres que gouverna Moctezuma[3]. Mais je sais que je ne prononcerai jamais ces mots parce que je ne me souviens plus de Tzinacán.

Que meure avec moi le mystère qui est écrit sur la peau des tigres. Qui a entrevu l'univers, qui a entrevu les ardents desseins de l'univers ne peut plus penser à un homme, à ses banales félicités[4] ou à ses bonheurs médiocres, même si c'est lui cet homme. Cet homme *a été lui*, mais, maintenant, que lui importe ? Que lui importe le sort de cet autre, que lui importe la patrie de cet autre, si lui, maintenant, n'est personne ? Pour cette raison, je ne prononce pas la formule ; pour cette raison, je laisse les jours m'oublier, étendu dans l'obscurité.

L'Aleph, trad. Roger Caillois, © Gallimard, 1949.

---

1. ***Béatitude*** : bonheur parfait.
2. ***Fortuits*** : choisis au hasard.
3. ***Moctezuma*** (1480-1520) : neuvième et dernier empereur aztèque, de 1502 à 1520.
4. ***Félicités*** : contentements.

■ Dino Buzzati, *Les Nuits difficiles* (1971)

L'œuvre romanesque de l'auteur italien Dino Buzzati (1906-1972), notamment *Le Désert des Tartares*, paru en 1940 et couronné de succès, est fortement influencée par celle de Franz Kafka (voir p. 85). Ainsi les personnages de Buzzati sont-ils souvent menacés dans leur individualité et confrontés à l'absurdité angoissante du monde moderne, perçu comme un labyrinthe sans fin et dépourvu de sens. Joint à cette représentation inquiétante du monde, l'irréel, souvent utilisé par l'auteur, contribue à créer une atmosphère étrange, voire tragique, dans ses contes.
Dans la nouvelle « Les Journées perdues », extraite des *Nuits difficiles* (1971), dernier volume écrit et publié par Dino Buzzati, un voleur étrange dérobe des caisses dans la demeure de Kazirra. Ce dernier, qui ignorait leur existence, découvre leur contenu dans une scène tragique de Jugement dernier, symboliquement envahie par la nuit. Le voleur exprime sa sentence, après avoir contraint Kazirra à réfléchir à la hiérarchie des valeurs sur lesquelles il a fondé son existence. Faut-il privilégier richesse et réussite sociale aux dépens de toutes les formes d'amour ?

Les Journées perdues

Quelques jours après avoir pris possession de sa somptueuse villa, Ernst Kazirra, rentrant chez lui, aperçut de loin un homme qui sortait, une caisse sur le dos, d'une porte secondaire du mur d'enceinte, et chargeait la caisse sur un camion.

Il n'eut pas le temps de le rattraper avant son départ. Alors, il le suivit en auto. Et le camion roula longtemps, jusqu'à l'extrême périphérie de la ville, et s'arrêta au bord d'un vallon.

Kazirra descendit de voiture et alla voir. L'inconnu déchargea la caisse et, après quelques pas, la lança dans le ravin, qui était plein de milliers et de milliers d'autres caisses identiques.

Il s'approcha de l'homme et lui demanda : «Je t'ai vu sortir cette caisse de mon parc. Qu'est-ce qu'il y avait dedans ? Et que sont toutes ces caisses ?»

L'autre le regarda et sourit : «J'en ai encore d'autres sur le camion, à jeter. Tu ne sais pas ? Ce sont les journées.

– Quelles journées ?

– Tes journées.

– Mes journées ?

– Tes journées perdues. Les journées que tu as perdues. Tu attendais, n'est-ce pas ? Elles sont venues. Qu'en as-tu fait ? Regarde-les, intactes, encore pleines. Et maintenant...»

Kazirra regarda. Elles formaient un tas énorme. Il descendit la pente et en ouvrit une.

À l'intérieur, il y avait une route d'automne, et au fond Graziella, sa fiancée, qui s'en allait pour toujours. Et il ne la rappelait même pas.

Il en ouvrit une autre. C'était une chambre d'hôpital, et sur le lit son frère Josué, malade, qui l'attendait. Mais lui était en voyage d'affaires.

Il en ouvrit une troisième. À la grille de la vieille maison misérable se tenait Duk, son mâtin[1] fidèle qui l'attendait depuis deux ans, réduit à la peau et aux os. Et il ne songeait pas à revenir.

Il se sentit prendre par quelque chose qui le serrait à l'entrée de l'estomac. Le manutentionnaire[2] était debout au bord du vallon, immobile comme un justicier.

«Monsieur ! cria Kazirra. Écoutez-moi. Laissez-moi emporter au moins ces trois journées. Je vous en supplie. Au moins ces trois. Je suis riche. Je vous donnerai tout ce que vous voulez.»

---

1. ***Mâtin*** : gros chien de garde (terme vieilli).

2. ***Manutentionnaire*** : personne qui déplace, manuellement ou mécaniquement, des marchandises en vue de l'emmagasinage, de l'expédition ou de la vente.

Le manutentionnaire eut un geste de la main droite, comme pour indiquer un point inaccessible, comme pour dire qu'il était trop tard et qu'il n'y avait plus rien à faire. Puis il s'évanouit dans l'air, et au même instant disparut aussi le gigantesque amas de caisses mystérieuses. Et l'ombre de la nuit descendait.

III. Le pouvoir des apologues (2) : lumière sur le monde contemporain

■ Ray Bradbury, *L'Homme illustré* (1951)

Né en 1920 aux États-Unis, Ray Bradbury est considéré comme l'un des maîtres de la littérature d'anticipation, auteur notamment des *Chroniques martiennes* (1950) et de *Fahrenheit 451* (1953) – ses deux ouvrages les plus connus.

Le propre de la science-fiction consiste moins à inventer des mondes futurs sans lien avec la réalité qu'à mettre en scène la réalité dans un monde futur pour renvoyer aux hommes les travers et les questionnements de leur époque. La fonction de ce genre est donc proche de celle de l'utopie littéraire qui, racontant un monde apparemment imaginaire, incite les lecteurs à opérer une comparaison critique entre leur réalité et l'univers représenté.

Projetant le lecteur sur la planète Mars, la nouvelle « Comme on se retrouve », est publiée en 1951 dans le recueil *L'Homme illustré*. D'une part, le récit rend compte, en les inversant, du racisme et de la ségrégation vécus par les Noirs aux États-Unis dans les années 1950 : ce sont des Blancs, venus en fusée depuis la Terre, qui sont attendus comme des intrus par une communauté noire ; de ce renversement de point de vue, l'apologue tire son originalité et sa portée universelle. D'autre part, la nouvelle invite à réfléchir au mécanisme de la vengeance : l'ancienne victime se condamnant elle-même à devenir bourreau. Enfin, elle propose une posture morale proche de celle du fameux discours que Martin Luther King prononcera à Washington le 28 août 1963, dix ans plus tard. En effet, Hattie, l'épouse de l'un des hommes décidés à se venger de l'oppression subie, parvient à ramener la paix par une voie détournée. Le texte de Bradbury est un éloge de la parole échangée et du dialogue.

Comme on se retrouve

Quand ils apprirent la nouvelle, ils sortirent des restaurants, des cafés et des hôtels et regardèrent le ciel. Ils levèrent leurs mains noires pour se protéger les yeux du soleil. Leurs bouches béaient[1]. Dans la chaleur de midi, sur des milliers de kilomètres, il y avait des petites villes où les hommes de couleur regardaient en l'air, leur ombre à leurs pieds.

Dans sa cuisine, Hattie Johnson couvrit la soupe qui bouillait, s'essuya les doigts dans un torchon et sortit avec précaution sous le porche, derrière la maison.

«Viens, m'man ! Viens voir… tu vas la rater !

– Hé, m'man ! »

Trois petits garçons noirs sautaient dans la cour poussiéreuse en criant. Ils se retournaient de temps en temps vers la maison, tout excités.

« J'arrive », dit Hattie en ouvrant la moustiquaire de la porte d'entrée. « Où avez-vous entendu cette rumeur ?

– Chez Jones, m'man. Ils disent qu'une fusée arrive, la première depuis vingt ans, avec un homme blanc dedans !

– Qu'est-ce qu'un homme blanc ? J'en ai jamais vu.

– Tu verras bien, dit Hattie. Oui, tu verras.

– Raconte-nous, m'man. Raconte, comme tu le faisais. »

Hattie fronça les sourcils. « Eh bien, c'était il y a longtemps. J'étais encore une petite fille, voyez-vous. C'était en 1965.

– Parle-nous de l'homme blanc, m'man ! »

---

1. ***Béaient*** : restaient grandes ouvertes (voir l'expression « bouche bée »).

Elle vint se poster dans la cour, les yeux levés vers le ciel bleu et clair de Mars et ses fins nuages blancs; au loin, les collines martiennes roussissaient[1] sous la chaleur.

«Eh bien, finit-elle par dire, tout d'abord, leurs mains sont blanches.

– Des mains blanches!» Les gamins se mirent à rire en se donnant des tapes dans le dos.

«Et leurs bras sont blancs.

– Des bras blancs! s'esclaffèrent les garçons.

– Et leurs visages blancs.

– Des visages blancs? Vraiment?

– Blanc comme ça, m'man?» Le plus petit jeta de la poussière sur sa figure et éternua. «Comme ça?

– Encore plus blanc», répondit-elle gravement. Elle leva de nouveau la tête. Ses yeux reflétaient de l'inquiétude, comme si le fait de chercher dans le ciel un orage sans le trouver la préoccupait.

«Vous feriez peut-être mieux de rentrer!

– Oh, m'man!» Ils la dévisagèrent avec incrédulité. «Il faut qu'on regarde, il le faut. Il ne va rien se passer, hein?

– Je ne sais pas. J'ai un pressentiment, voilà tout.

– On veut voir le vaisseau et peut-être courir jusqu'à la piste et voir cet homme blanc. À quoi il ressemble, dis, m'man?

– Je ne sais pas. Je ne sais pas, dit-elle d'un air rêveur, en hochant la tête.

– Raconte-nous encore des choses!

– Eh bien, les Blancs vivent sur la Terre, d'où nous sommes tous venus, il y a vingt ans. Nous nous sommes insurgés, nous sommes partis et nous sommes installés sur Mars; nous avons bâti des villes, et nous voilà. Nous sommes maintenant des Martiens, et non plus des Terriens. Et aucun Blanc n'est venu durant tout ce temps. Voilà toute l'histoire.

---

1. ***Roussissaient*** : devenaient rousses, brûlaient.

– Pourquoi ils ne sont pas venus, m'man ?

– Eh bien, parce que… Juste après notre arrivée sur cette planète, la Terre a subi une guerre atomique. Ils se sont envoyé leurs bombes, les uns aux autres, de façon lamentable. Ils nous ont oubliés. Quand les combats ont pris fin, des années plus tard, ils n'avaient plus de fusées. Ça leur a pris tout ce temps pour en reconstruire. Alors, les voilà qui débarquent, vingt ans après, pour nous rendre visite. »

Elle regarda ses enfants d'un air hébété et se mit à marcher. « Attendez ici. Je vais aller chez Elizabeth Brown. Vous promettez de rester là ?

– On n'en a pas envie, mais on va le faire.

– C'est bien. » Et elle courut vers la route.

Elle arriva juste à temps chez les Brown ; ils étaient tous en train de s'entasser dans la voiture.

« Salut, Hattie ! Monte avec nous !

– Où allez-vous ? demanda-t-elle, essoufflée, en se précipitant vers eux.

– On va voir l'homme blanc.

– C'est vrai », dit gravement M. Brown. Il indiqua du pouce le véhicule bondé. « Ces enfants n'en ont jamais vu et *moi* j'ai presque oublié.

– Qu'est-ce que vous allez lui faire, au Blanc ? demanda Hattie.

– Lui faire ? s'écrièrent-ils tous. Ben… juste le *voir*, c'est tout.

– Vous êtes sûrs ?

– Qu'est-ce qu'on pourrait faire d'autre ?

– Je ne sais pas, dit Hattie. J'ai seulement cru qu'il pourrait y avoir du grabuge.

– Quel genre de grabuge ?

– Vous *voyez* ce que je veux dire, fit Hattie, gênée. Vous n'allez pas le lyncher[1] ?

---

1. ***Lyncher*** : au sens propre, mettre à mort violemment et sans jugement ; par extension, exercer une grave violence sur quelqu'un.

– Le lyncher ? » Ils éclatèrent de rire. M. Brown se donna une claque sur la cuisse. « Mon Dieu, non, ma pauvre enfant ! Nous allons lui serrer la main. N'est-ce pas, tout le monde ?

– Mais oui, bien sûr ! »

Une voiture arriva d'une autre direction ; Hattie poussa un cri : « Willie !

– Qu'est-ce que tu fais ici ? Où sont les petits ? » cria son mari, en colère. Il se tourna, furibond[1], vers les autres. "Vous allez là-bas comme une bande d'idiots pour voir se poser cet homme ?

– C'est exactement ça, dit M. Brown en souriant.

– Bon, eh bien, prenez vos fusils !" dit Willie. Je vais chercher le mien !

– Willie !

– Monte dans la voiture, Hattie. » Il ouvrit la portière et la regarda jusqu'à ce qu'elle eût obéi. Sans un mot pour les autres, il lança sa voiture à fond de train.

« Willie, pas si vite !

– Pas si vite, hein ? Nous allons voir ! » Il fixa la route qui défilait sous le capot. « De quel droit viennent-ils après toutes ces années ? Pourquoi ne nous fichent-ils pas la paix ? Pourquoi ne se sont-ils pas fait tous sauter, dans le vieux monde ? Pourquoi ne nous laissent-ils pas tranquilles ?

– Willie, c'est pas digne d'un chrétien, ce que tu dis.

– Je ne me sens pas du tout chrétien », répliqua-t-il d'un air farouche[2], en s'agrippant au volant. « Je me sens mauvais. Après tout ce qu'ils ont fait à nos familles… à maman et à papa, aux tiens… Tu te souviens ? Tu te rappelles quand ils ont pendu mon père à Knockwood Hill et qu'ils ont tué ma mère ? Tu te rappelles ? Ou bien ta mémoire est-elle aussi courte que celle des autres ?

– Je me rappelle, dit-elle.

1. ***Furibond*** : très en colère.
2. ***Farouche*** : ici, plein de violence.

– Tu te rappelles le Dr Phillips et M. Burton, leurs grandes maisons, la cabane où ma mère lavait le linge et mon père qui travaillait malgré son grand âge ; et en guise de remerciement, le Dr Phillips et M. Burton l'ont pendu. Eh bien, dit Willie, les rôles sont inversés, aujourd'hui. Nous allons voir qui va faire passer des lois contre l'autre, qui va se faire lyncher, qui va voyager dans le fond des autobus, qui va se faire parquer au spectacle. Nous allons bien voir !

– Oh ! Willie, il y aura de la bagarre, si tu parles comme ça !

– Tout le monde parle comme ça. Tout le monde a espéré ce jour, croyant qu'il ne viendrait jamais. On s'est toujours demandé : comment ça va se passer, si jamais l'homme blanc vient jusqu'ici, sur Mars ? Nous y voilà et nous ne pouvons pas nous enfuir.

– Tu vas quand même laisser les Blancs vivre ici ?

– Pour sûr. » Il sourit, mais d'un large sourire méchant, une lueur de folie dans les yeux. « Ils peuvent venir vivre et travailler ici, bien sûr. Tout ce qu'ils devront faire pour le mériter sera de vivre dans des quartiers réduits qui leur seront réservés, dans des taudis, et de nous cirer les chaussures, de ramasser nos ordures et de s'asseoir au dernier rang du balcon[1]. C'est tout ce qu'on demande. Et une fois par semaine, nous en pendrons un ou deux. C'est très simple.

– Tu n'as plus l'air humain, et je n'aime pas ça.

– Tu devras t'y faire », dit-il.

Il arrêta la voiture devant leur maison et sauta à terre. « Je vais chercher mes fusils et de la corde. On va faire ça dans les règles.

– Oh, Willie ! » gémit-elle. Et elle resta là, dans l'auto, le regardant monter les marches en courant puis disparaître en claquant la porte.

Il fit un tel remue-ménage dans le grenier qu'elle se décida à y aller, contre son gré. Il déplaça divers objets, jurant comme

1. ***Balcon*** : dans une salle de spectacle, galerie composée de plusieurs rangées de fauteuils allant d'une avant-scène à l'autre.

un possédé[1], et finit par trouver quatre fusils. Elle vit luire l'acier barbare, mais ne put distinguer Willie, il était si noir ; elle entendait seulement ses jurons. Enfin, ses longues jambes dégringolèrent les marches dans un nuage de poussière. Il se mit à entasser des poignées de cartouches, à souffler dans le magasin[2] en y insérant des balles. Son visage était dur, grave et fermé sur son amertume intérieure. « Laissez-nous tranquilles », marmonnait-il sans arrêt ; ses mains faisaient de grands gestes incontrôlés. « Laissez-nous seuls juges ! Pourquoi ne le font-ils pas ?

– Willie, Willie !

– Toi aussi... toi aussi... » Et il lui jeta ce même regard de haine dont l'intensité frappa Hattie.

Sous la fenêtre, les garçons caquetaient[3].

« Blanc comme du lait, a dit maman. Blanc comme du lait.

– Blanc comme cette vieille fleur, tu vois ?

– Blanc comme une pierre, comme la craie avec laquelle on écrit. »

Willie émergea de la maison. « Allez, les enfants, rentrez ! Je vous enferme. Vous ne verrez aucun homme blanc, vous n'en parlerez pas, vous ne ferez rien du tout. Venez ici tout de suite.

– Mais papa ! »

Il les poussa à l'intérieur et alla chercher un pot de peinture et un pinceau. Il sortit du garage un grand rouleau de corde épaisse et hispide[4] au bout de laquelle il fit un nœud coulant, observant attentivement le ciel pendant que ses mains accomplissaient à tâtons leur besogne.

Puis ils démarrèrent, soulevant des nuages de poussière derrière eux, sur la route.

« Willie, ralentis !

---

1. ***Comme un possédé*** : comme s'il était dominé par une force diabolique.
2. ***Magasin*** : partie d'une arme à feu à répétition, qui reçoit les cartouches.
3. ***Caquetaient*** : parlaient sans s'arrêter (au sens propre, le verbe « caqueter » désigne le gloussement qu'émet la poule au moment de pondre).
4. ***Hispide*** : constituée de fibres végétales rêches.

– C'est pas le moment de ralentir, dit-il. C'est le moment de se dépêcher et je me dépêche.»

Tout le long du chemin, des gens regardaient le ciel, grimpaient dans leur voiture, ou roulaient déjà; dans certains véhicules, des fusils se dressaient comme des télescopes orientés vers les maux d'un monde touchant à sa fin.

Elle regarda les armes. «Tu as encore fait de grands discours, fit-elle d'un ton accusateur.

– En effet», grommela-t-il en hochant la tête. Il gardait les yeux farouchement fixés sur la route. «Je me suis arrêté devant chaque maison et je leur ai dit ce qu'il fallait faire : prendre leur fusil, de la peinture, de la corde, et se tenir prêts. Et voilà... le comité d'accueil est formé! Nous allons leur donner les clefs de la ville. Ça oui!»

Elle serra ses fines mains noires pour repousser la terreur qui montait en elle. La voiture, lancée à fond de train[1], faisait des embardées entre les autres véhicules. Elle entendit des voix crier : «Hé! Willie, regarde!» Des mains agitaient fusils et cordes et des bouches souriaient quand il doublait.

«Nous y sommes», dit Willie. Il stoppa dans la poussière et le silence. Il ouvrit la porte d'un coup de pied et, chargé de ses armes, s'engagea sur la prairie de l'aéroport.

«Tu as bien *réfléchi*, Willie?

– Je n'ai fait que ça pendant vingt ans. J'ai quitté la Terre à seize ans et j'étais content de partir. Il n'y avait rien à faire pour moi, là-bas, ni pour toi, ni pour aucun de nos semblables. Je n'ai jamais regretté d'être parti. Nous avons vécu en paix ici; pour la première fois, nous avons vraiment pu respirer. Allez, viens!»

Il se fraya un passage à travers la foule venue à sa rencontre.

«Willie, Willie, qu'allons-nous faire? lui demanda-t-on.

– Tiens, voilà un fusil, dit-il. En voilà un autre, et encore un.»

1. ***À fond de train*** : à toute allure.

Il les distribua avec des gestes brusques. «Voilà un revolver. Et une carabine!»

La foule était si compacte qu'elle formait un grand corps sombre doté d'un millier de bras qui se tendaient pour s'emparer des armes. «Willie! Willie!»

Altière[1] et silencieuse, ses lèvres cannelées[2] fermement serrées, ses immenses yeux humides et tristes, sa femme se tenait à ses côtés.

«Apporte la peinture!» lui dit-il.

Elle traîna un bidon de peinture jaune à travers le champ.

Au même moment, un autobus arrivait. Il s'arrêta à sa hauteur. Sur son capot, une inscription venait d'être peinte : *Pour l'homme blanc qui va atterrir.* Il était bondé; des gens qui discutaient en descendirent et coururent sur l'herbe, trébuchant, nez en l'air. Des femmes avec des paniers de pique-nique, des hommes en bras de chemise, coiffés de chapeaux de paille. L'autobus resta là, pétaradant[3] et vide. Willie y grimpa, disposa ses bidons, les ouvrit, remua le liquide, essaya un pinceau, sortit un pochoir et se mit debout sur un siège.

«Hé vous, là-bas!» Le conducteur accourut, faisant tinter les pièces de monnaie dans sa sacoche. «Qu'est-ce que vous fichez? Descendez donc!

– Tu vas voir ce que je fais. Te fâche pas!»

Et Willie appliqua la peinture au pochoir. Il tamponna un B, un L, un A, un N, un C, un S et, terriblement fier de son œuvre, il poursuivit son travail. Quand il eut terminé, le conducteur y jeta un regard et déchiffra les mots qui brillaient en jaune : BLANCS, AU FOND. Il les relut : BLANCS. Il cligna des yeux, puis AU FOND. Il se tourna vers Willie et se mit à sourire.

«Ça te va? demanda Willie en descendant.

---

1. ***Altière*** : ici, dans une attitude pleine de noblesse.
2. ***Cannelées*** : marquées de sillons.
3. ***Pétaradant*** : faisant entendre des bruits secs, violents et répétés (qui ressemblent au bruit de pétards).

– Ça me va parfaitement, monsieur ! » répondit le chauffeur.

À l'extérieur, Hattie regardait l'inscription, ses mains sur la poitrine.

Willie revint vers la foule dont le volume augmentait à mesure que les voitures arrivaient en faisant grincer leurs freins et que les autobus, les pneus crissants, débouchaient du virage qui menait à la ville toute proche.

Willie monta sur une caisse.

« Formons des équipes pour peindre tous les autobus immédiatement. Des volontaires ! »

Des mains se tendirent.

« Allez-y ! »

Ils y allèrent.

« Des équipes pour tendre des cordes dans le cinéma : les deux derniers rangs pour les blancs ! »

Davantage de mains.

« En route ! »

Ils partirent en courant.

Willie embrassa la foule du regard. Il transpirait abondamment et haletait sous l'effort, fier de son énergie, une main sur l'épaule de sa femme qui gardait les yeux à terre.

« Voyons un peu ! déclara-t-il. Ah oui ! Il faut établir une loi interdisant les mariages mixtes.

– C'est juste, dirent de nombreuses voix.

– Tous les cireurs de chaussures abandonnent leur emploi dès aujourd'hui.

– Dès maintenant ! Dans leur précipitation, certains avaient apporté leurs chiffons ; ils s'en débarrassèrent sur-le-champ.

« Il faut voter une loi sur le salaire minimum, n'est-ce pas ?

– Évidemment !

– On paiera ces Blancs, au moins dix cents de l'heure !

– D'accord ! »

Le maire de la ville se hâta d'intervenir.

« Une minute, Willie Johnson. Descends de cette caisse !

– Monsieur le Maire, on ne me fera rien faire de la sorte.

– Tu crées an attroupement, Willie.

– C'est bien mon intention.

– C'est ce que tu as toujours détesté quand tu étais gamin. Tu ne vaux pas mieux que certains de ces hommes blancs contre lesquels tu vitupères[1].

– Ils sont du mauvais côté, monsieur le Maire, le nôtre est le bon, à présent», dit Willie, sans même le regarder. Il contemplait les visages devant lui; certains souriaient, hésitants ou effarés[2]; d'autres, apeurés, se détournaient.

«Tu vas le regretter, dit le maire.

– Nous allons procéder à un vote pour élire un nouveau maire», dit Willie. Et il se tourna vers la ville. Dans toutes les rues, des pancartes avaient été accrochées; fraîchement peintes, elles annonçaient : *Clientèle limitée. Droit de servir le consommateur révocable*[3] *à tout moment*. Il ricana et battit des mains. Seigneur! Des autocars se faisaient arrêter et on délimitait des séparations, destinées à leurs futurs occupants à l'arrière, en les peignant en blanc. Les cinémas étaient envahis, des cordes étaient tendues par des hommes qui s'esclaffaient, tandis que leurs femmes l'air pensif, se tenaient sur le trottoir et que les enfants étaient renvoyés dans les maisons, à coups de paires de claques, pour les mettre à l'écart de ces heures troublées.

«Sommes-nous tous prêts ?» cria Willie, la corde à la main, le nœud bien en place.

«Prêts ! hurla une moitié de la foule. L'autre moitié murmurait et s'agitait comme les personnages d'un cauchemar auquel ils ne voulaient pas prendre part.

«La voilà», dit un petit garçon.

Comme des marionnettes tirées par une même ficelle les têtes de la foule se relevèrent.

---

1. ***Contre lesquels tu vitupères*** : que tu critiques avec violence.
2. ***Effarés*** : très fortement troublés, hébétés.
3. ***Révocable*** : qui peut être annulé.

Dans le ciel, très haut, une fusée magnifique étincelait dans un panache de flammes orangées. Elle changea de trajectoire et amorça sa descente; tous en eurent le souffle coupé. Elle se posa, provoquant de petits embrasements ici et là dans la prairie; les feux s'éteignirent, la fusée resta immobile un moment puis, dans le silence de la foule attentive, un grand panneau coulissa, laissant échapper le sifflement d'une bouffée d'oxygène. Un vieil homme en sortit.

«Un Blanc, un Blanc, un Blanc...» Les mots circulèrent parmi les gens impatients; les enfants se parlaient à l'oreille et se donnaient des coups; les chuchotements se déplacèrent jusqu'à l'endroit où la foule se tenait et où les autobus étaient garés, exposés au soleil et au vent qui propageait l'odeur de peinture fraîche s'échappant par leurs vitres ouvertes. Le murmure s'atténua et s'évanouit.

Personne ne bougeait.

L'homme blanc était grand et se tenait bien droit, mais une profonde lassitude creusait son visage. Il ne s'était pas rasé ce jour-là et ses yeux étaient aussi vieux que peuvent l'être ceux d'un homme au terme de sa vieillesse. Ils étaient décolorés, blanchis et rendus presque aveugles par les choses qu'il avait vues au cours des années écoulées. Il avait la minceur d'un buisson hivernal. Ses mains tremblaient; il dut s'appuyer contre le montant du panneau pendant qu'il regardait la foule.

En ébauchant un sourire, il tendit une main, puis la retira.

Personne ne bougea.

Il regarda leurs visages et peut-être vit-il sans les voir les fusils et les cordes; peut-être sentit-il l'odeur de peinture. Jamais personne ne le lui demanda. Il se mit à parler. Il commença très doucement et très lentement, sûr de ne pas être interrompu; et il ne le fut pas. Sa voix était lasse, usée et voilée.

«Peu importe qui je suis. De toute manière, je ne serai pour vous qu'un nom. Je ne connais pas non plus les vôtres. Cela viendra plus tard.»

Il marqua une pause et ferma les yeux.

« Il y a vingt ans, poursuivit-il, vous avez quitté la Terre. Cela fait longtemps, très longtemps. Tant de choses se sont produites que l'on pourrait presque dire vingt siècles. Après votre départ, la guerre a éclaté. » Il hocha lentement la tête. « Oui, la *grande* guerre. La Troisième. Elle a duré longtemps. Jusqu'à l'année dernière. Nous avons bombardé toutes les villes du globe. Nous avons détruit New York, Londres, Moscou, Paris, Shanghai, Bombay et Alexandrie. Nous avons tout rasé. Et après les mégapoles[1], nous nous sommes attaqués aux petites villes ; nous avons lâché des bombes atomiques et les avons brûlées. »

Il se mit à énumérer des noms de villes, de lieux et de rues. À mesure qu'il le faisait, un murmure s'élevait au sein de son auditoire.

« Nous avons détruit Natchez… »

Murmure.

« Et Columbus, en Géorgie… »

Nouveau murmure.

« Nous avons brûlé La Nouvelle-Orléans… »

Soupir.

« Et Atlanta… »

Autre soupir.

« Il n'est rien resté de Greenwater, en Alabama. »

Willie Johnson redressa la tête et resta bouche bée. Hattie vit son geste et les souvenirs revenir dans ses yeux sombres.

« Il n'est rien resté, dit le vieil homme, lentement. Les champs de coton… brûlés.

– Oh ! firent-ils.

– Les fabriques… détruites.

– Oh !

– Et les usines… radioactives ; tout est radioactif. Les routes, les fermes et les aliments… radioactifs. Tout… »

1. ***Mégapoles*** (ou *mégalopoles*) : très grandes agglomérations urbaines ou grands ensembles de villes qui se touchent.

Il cita de nouveaux noms de villes et de villages.

«Tampa.

– C'est ma ville, souffla quelqu'un.

– Fulton.

– La mienne.

– Memphis.

– Memphis. Ils ont brûlé *Memphis*? interrogea une voix indignée.

– Elle a sauté.

– La 4e Rue, à Memphis?

– Toute la ville», dit le vieil homme.

Ils étaient émus, désormais. Après vingt ans, tout leur revenait en mémoire. Les villes et les places, les arbres et les maisons en briques, les enseignes, les églises et la boutique de quartier, tout cela remontait à la surface. Chaque nom évoquait un souvenir, et personne parmi eux ne pouvait s'empêcher de penser au passé. Ils étaient tous assez vieux pour cela, excepté les enfants.

«Laredo.

– Je me rappelle Laredo.

– New York.

– J'avais un magasin à Harlem.

– Harlem, rasé par les bombes.»

Ces mots sinistres. Ces endroits familiers. La difficulté de les imaginer tous en ruine.

Willie Johnson murmura : «Greenwater, en Alabama. C'est là où je suis né. Je me souviens.»

Détruit. Tout était détruit. L'homme l'avait dit.

Ce dernier reprit.

«Ainsi nous avons tout détruit, tout abattu, stupides que nous étions et que nous sommes encore. Nous avons tué des millions de gens. Je ne crois pas qu'il reste plus de cinq cent mille habitants sur la Terre, toutes races confondues. Dans ces décombres, nous avons pu recueillir assez de métal pour construire cette fusée et nous sommes venus sur Mars pour vous demander votre aide.»

Il hésita et scruta les visages pour voir ce qu'il pourrait y trouver; en réalité, il n'était sûr de rien.

Hattie Johnson sentit le bras de son mari se durcir; elle vit ses doigts serrer la corde.

«Nous nous sommes comportés comme des imbéciles, dit le vieil homme calmement. Nous avons causé la ruine de la Terre et de sa civilisation. Aucune des villes ne vaut la peine d'être rebâtie… elles vont rester radioactives pendant encore un siècle. La Terre est morte. Son ère est terminée. Vous avez ici des fusées que vous n'avez pas essayé d'utiliser pour retourner sur la Terre depuis vingt ans. Je suis venu vous demander, aujourd'hui, de vous en servir. D'aller sur la Terre, de recueillir les survivants et de les ramener sur Mars. De nous aider à aller de l'avant. Nous avons été stupides. Devant Dieu, nous reconnaissons notre sottise et notre méchanceté. Tous, les Chinois et les Indiens, les Russes, les Britanniques et les Américains… nous vous demandons de nous recevoir. Le sol martien est resté en friche depuis bon nombre de siècles. Il y a de la place pour tout le monde ici. Votre terre est bonne… j'ai vu vos champs de là-haut. Nous viendrons et nous le cultiverons *pour* vous. Oui, nous ferons même cela. Nous sommes prêts à accepter le sort que vous nous réserverez, mais ne nous excluez pas. Nous ne pouvons vous forcer à agir immédiatement. Si vous le désirez, je réintégrerai mon vaisseau, je repartirai et nous en resterons là. Nous ne viendrons plus vous déranger. Mais si vous êtes d'accord, nous travaillerons pour vous et ferons ce que vous avez fait pour nous : nous nettoierons vos maisons, préparerons vos repas, cirerons vos chaussures et nous courberons sous la volonté de Dieu pour tout le mal que nous avons fait durant des siècles à nous-mêmes, aux autres et à vous.»

Il en avait terminé.

Il y eut un silence de mort. Un silence que l'on aurait pu tenir dans le creux de la main et qui s'abattit sur la foule comme la menace d'un orage éloigné. Leurs longs bras pendaient comme de sombres balanciers sous la lumière du soleil ; leurs yeux étaient fixés sur le vieil homme qui ne bougeait plus et qui attendait.

Willie Johnson tenait la corde dans ses mains. Ceux qui l'entouraient l'observaient pour voir ce qu'il allait faire. Sa femme Hattie attendait, agrippée à son bras.

Elle désirait atteindre leur haine à tous, la saisir et la travailler jusqu'au moment où elle trouverait une faille ; alors elle pourrait en retirer un caillou, une pierre ou une brique, pratiquer une brèche et tout l'édifice s'écroulerait. Il était en train de trembler sur sa base. Mais où était la clef de voûte[1] et comment y parvenir ?

Comment les toucher et les ébranler tous pour détruire leur haine ?

Elle regarda Willie qui se tenait dans ce silence redoutable. La seule chose qu'elle comprenait à la situation, c'était lui, sa vie, et ce qui lui était arrivé ; tout à coup il fut la clef de voûte. Elle sut que si elle arrivait à le faire céder, ce qui les tenait tous ensemble perdrait sa cohérence et se déferait.

« Monsieur... » Elle s'avança. Elle ne savait même pas quels seraient ses premiers mots. La foule écarquilla les yeux dans son dos. Elle sentit leurs regards. « Monsieur... »

L'homme lui adressa un sourire fatigué.

« Monsieur, dit-elle, connaissez-vous Knockwood Hill à Greenwater, en Alabama ? »

Le vieil homme tourna la tête et s'adressa à quelqu'un à l'intérieur de la fusée. Un instant plus tard, on lui remit une carte photographique ; l'homme la prit et attendit.

« Vous connaissez le grand chêne, au sommet de la colline, monsieur ? »

---

1. Au sens propre, la ***clef de voûte*** désigne la pierre taillée en coin située sur la partie centrale d'une voûte et servant à maintenir les autres pierres ; au sens figuré, comme ici, l'expression désigne l'élément capital dont dépend un ensemble.

Le grand chêne. L'endroit où le père de Willie avait été tué d'une balle, puis pendu ; on l'avait trouvé au matin, se balançant dans le vent.

« Oui.

– Est-ce qu'il y est encore, monsieur ?

– Non, dit le vieil homme. Tout a sauté. La colline est rasée et l'arbre aussi. Vous voyez ? » Il lui indiqua l'endroit sur la photo.

« Faites-moi voir ça », dit Willie, qui s'était jeté en avant pour regarder la carte.

Hattie cligna des yeux devant l'homme blanc. Son cœur battait la chamade.

« Parlez-moi de Greenwater, dit-elle précipitamment.

– Que voulez-vous savoir ?

– Le Dr Phillips. Est-il encore vivant ? »

Quelques minutes s'écoulèrent pendant qu'une machine cliquetante dans la fusée recherchait le renseignement…

« Tué durant la guerre.

– Et son fils ?

– Mort.

– Et leur maison ?

– Brûlée. Comme toutes les autres.

– Qu'en est-il de ce grand arbre sur Knockwood Hill ?

– Tous les arbres ont disparu… brûlés.

– Cet arbre-*là* n'existe plus, vous êtes sûr ? demanda Willie.

– J'en suis sûr. »

Le corps de Willie sembla se détendre.

« Et la maison de M. Burton… et lui ?

– Il n'y a plus de maison du tout, ni personne.

– Vous connaissez la cabane où Mme Johnson lavait le linge ? C'était ma mère… c'est là qu'elle travaillait… »

Là où on l'avait tuée d'une balle.

« Disparue aussi. Tout a disparu. Voici les photos, regardez vous-même. »

Ces photos étaient des preuves faites pour être distribuées, regardées, et pour éveiller la réflexion. La fusée était pleine de documents et de réponses. À n'importe quelle question, sur n'importe quelle ville, bâtiment ou maison.

Willie restait là, sa corde à la main.

Il se rappelait la Terre, la Terre verte, la ville verte où il était né et avait grandi. Il se mit à penser à cette ville détruite, explosée, éparpillée; à tous ces points de repère disparus avec elle, à toutes ces exactions[1] apparentes ou incontestables et à tous ces hommes durs, morts désormais; aux étables, à la forge, à la boutique du brocanteur, aux cafés, aux tavernes, aux ponts, aux arbres à lynchage, aux collines couvertes de plomb de chasse, aux routes, aux vaches, aux mimosas, à sa propre maison et à ces demeures à colonnes[2] le long de la rivière, sortes de mausolées[3] blancs où des femmes hautaines, tels de délicats papillons, voletaient au loin dans la lumière automnale. Ces maisons où des hommes distants se balançaient dans leurs fauteuils, un verre à la main, le fusil appuyé contre la balustrade, humant l'air du soir et spéculant[4] sur la mort. Disparu, tout avait disparu et ne reviendrait jamais. Cette civilisation entière, de toute évidence, avait été hachée en confettis et disséminée à leurs pieds. Il ne restait rien, rien à haïr; pas une cartouche vide, ni un bout de chanvre[5] transformé en nœud coulant, ni un arbre; pas même une colline. Rien que des étrangers dans une fusée, des gens qui pourraient cirer ses chaussures, voyager à l'arrière des autobus et s'asseoir dans le fond des salles de spectacle.

---

1. *Exactions* : actes de violence.

2. Les avancées (par rapport au mur) soutenues par des colonnes sont caractéristiques des demeures des familles blanches aisées de l'époque, s'inspirant de l'architecture victorienne.

3. *Mausolées* : monuments à l'architecture imposante; le terme désigne initialement un tombeau somptueux.

4. *Spéculant* : réfléchissant; méditant.

5. *Chanvre* : plante dont les fibres textiles servent notamment à tresser cordes et cordages.

«Vous n'aurez pas besoin de faire cela», dit Willie Johnson.

Sa femme regarda ses grosses mains.

Ses doigts s'ouvrirent.

La corde glissa et se lova[1] par terre.

Ils coururent dans les rues de leur ville et arrachèrent les pancartes si vite peintes ; ils badigeonnèrent[2] les inscriptions jaunes dans les autobus, coupèrent les cordons au balcon des cinémas, déchargèrent leurs fusils et rangèrent toutes leurs cordes.

«Un nouveau départ pour tout le monde», dit Hattie, sur le chemin du retour.

«Oui, lâcha enfin Willie. Le Seigneur en a sauvé quelques-uns, ici et là-bas. Et ce qui va arriver dépendra de nous tous. Le temps de la bêtise est passé. Nous devons être autre chose que des idiots. Je l'ai compris pendant qu'il parlait. J'ai compris à ce moment-là que le Blanc est aussi seul aujourd'hui que nous l'avons toujours été. Il n'a plus de foyer comme ce fut notre cas pendant si longtemps. À présent, nous sommes à égalité. Nous pouvons tout recommencer ensemble.»

Il arrêta la voiture et resta sur son siège sans bouger, pendant que Hattie faisait sortir les enfants. Ils coururent vers leur père.

«Tu as vu l'homme blanc ? Tu l'as vu ? crièrent-ils.

– Parfaitement je l'ai vu», dit Willie, devant son volant. Il se passa lentement la main sur la figure.

«Il me semble bien que, pour la première fois, j'ai vraiment vu l'homme blanc… que je l'ai vraiment bien vu.»

L'Homme illustré, © Bradbury, 1951/
© Denoël, 1954, pour la trad. française
par C. Andronikof et Brigitte Mariot.

1. ***Se lova*** : s'enroula sur elle-même.
2. ***Badigeonnèrent*** : recouvrirent de badigeon (enduit à base de chaux, jaune ou gris, servant à peindre les murs).

Idées noires, t. I, © Franquin/Fluide Glacial

■ Connu pour ses personnages de Spirou et de Gaston Lagaffe, André Franquin (1924-1997) dessine périodiquement, de 1977 à 1983, des planches qu'il nomme « Idées noires ». Elles seront d'abord publiées dans des magazines de bande dessinée, puis réunies dans des albums, en 1981 et 1984.
Ces dessins expriment à la fois le pessimisme de l'auteur et les valeurs auxquelles il croit. Dans cette planche, l'absurdité de la peine de mort est dénoncée sous la forme d'un apologue où l'exécuteur de la loi devient coupable à son tour...

■ George Orwell, *La Ferme des animaux* (1945)

L'Anglais George Orwell (1903-1950), de son vrai nom Eric Blair, est l'auteur de deux récits mondialement connus : *La Ferme des animaux* et *1984*. Engagé aux côtés des Républicains pendant la guerre d'Espagne, où il a été blessé, puis nommé correspondant en France et en Allemagne du magazine *The Observer* en 1945, Orwell a été un témoin des bouleversements politiques de la première moitié du XXe siècle.
Rédigé en 1949, son roman *1984* est une œuvre d'anticipation dans laquelle il imagine l'avenir en proie à une dictature permanente ; constamment épiés et surveillés, jusque dans leurs pensées, par des écrans qui ne s'éteignent jamais et diffusent une propagande à la gloire du régime, les hommes se soumettent au maître Big Brother, symbole du dictateur.
Publié quatre ans avant, *La Ferme des animaux* (1945) se présente comme une longue fable politique, dans laquelle les animaux sont humanisés – chacun incarnant un type d'homme – et doués de parole. Dans le premier chapitre du récit, Sage l'Ancien, un cochon plein d'expérience, fait « un rêve étrange » où il imagine un monde débarrassé de l'ennemi commun des bêtes : l'homme, symbolisé par le fermier Mr. Jones. Il réunit ses congénères dès la nuit tombée pour leur tenir le discours prophétique qui suit, dans lequel il appelle de ses vœux l'avènement d'un monde fondé sur la liberté, l'équité et la justice. Sage l'Ancien meurt quelques jours après ; pourtant, un jour de juin, les animaux de la ferme se révoltent, pour s'affranchir de leur condition d'esclaves. Deux cochons, Napoléon et Boule de Neige, prennent rapidement la tête de cette révolution, qu'ils dirigent à leur profit, en bafouant tous les principes censés la fonder.
On peut facilement lire dans cette fable la condamnation du stalinisme, accusé d'avoir trahi l'idéal révolutionnaire communiste, reposant sur un partage équitable des richesses entre les hommes : Lénine, théoricien et père fondateur de la révolution, se dissimule sous les traits de Sage l'Ancien ; Staline, le dictateur, se cache sous le masque de Napoléon, et Boule de Neige, que Napoléon chassera de

la ferme, renvoie à Trotski, le rival à éliminer. Néanmoins, la critique d'Orwell n'est pas seulement dirigée contre le stalinisme : resté proche de l'idéal révolutionnaire tout au long de sa vie, Orwell remet en cause l'idée même de la possibilité d'une révolution populaire. Dans l'extrait qui suit, le discours de Sage l'Ancien est plein de poncifs dont l'auteur se moque avec ironie : désignation d'un ennemi commun qui devient bouc émissaire ; promesse d'un âge d'or ; croyance en une solidarité et une égalité parfaites entre les « camarades » animaux... La parodie n'épargne pas non plus le chant révolutionnaire. C'est le pessimisme politique d'Orwell que cette fable donne à lire ; la révolution est un idéal que la nature humaine rend impossible à atteindre.

La Ferme des animaux

Tous les animaux étaient maintenant au rendez-vous – sauf Moïse, un corbeau apprivoisé qui sommeillait sur un perchoir, près de la porte de derrière – et les voyant à l'aise et bien attentifs, Sage l'Ancien se racla la gorge puis commença en ces termes :

« Camarades, vous avez déjà entendu parler du rêve étrange qui m'est venu la nuit dernière. Mais j'y reviendrai tout à l'heure. J'ai d'abord quelque chose d'autre à vous dire. Je ne compte pas, camarades, passer encore de longs mois parmi vous. Mais avant de mourir je voudrais m'acquitter d'un devoir, car je voudrais vous faire profiter de la sagesse qu'il m'a été donné d'acquérir. Au cours de ma longue existence, j'ai eu, dans le calme de la porcherie, tout loisir de méditer. Je crois être en mesure de l'affirmer : j'ai, sur la nature de la vie en ce monde, autant de lumières que tout autre animal. C'est de quoi je désire vous parler.

« Quelle est donc, camarades, la nature de notre existence ? Regardons les choses en face : nous avons une vie de labeur, une vie de misère, une vie trop brève. Une fois au monde, il nous est donné tout juste de quoi survivre, et ceux d'entre nous qui ont la force voulue sont astreints au travail jusqu'à ce qu'ils rendent l'âme. Et dans l'instant que nous cessons d'être utiles, voici qu'on nous égorge avec une cruauté inqualifiable. Passé notre première année sur cette terre, il n'y a pas un seul animal qui entrevoie ce que signifient des mots comme loisir ou bonheur. Et quand le malheur l'accable, ou la servitude, pas un animal qui soit libre. Telle est la simple vérité.

« Et doit-il en être tout uniment[1] ainsi par un décret de la nature ? Notre pays est-il donc si pauvre qu'il ne puisse procurer à ceux qui l'habitent une vie digne et décente ? Non, camarades, mille fois non ! Fertile est le sol de l'Angleterre et propice son climat. Il est possible de nourrir dans l'abondance un nombre d'animaux bien plus considérable que ceux qui vivent ici. Cette ferme à elle seule pourrait pourvoir aux besoins d'une douzaine de chevaux, d'une vingtaine de vaches, de centaines de moutons – tous vivant dans l'aisance une vie honorable. Le hic, c'est que nous avons le plus grand mal à imaginer chose pareille. Mais puisque telle est la triste réalité, pourquoi en sommes-nous toujours à végéter dans un état pitoyable ? Parce que tout le produit de notre travail, ou presque, est volé par les humains. Camarades, là se trouve la réponse à nos problèmes. Tout tient en un mot : l'Homme. Car l'Homme est notre seul véritable ennemi. Qu'on le supprime, et voici extirpée la racine du mal. Plus à trimer sans relâche ! Plus de meurt-la-faim !

« L'Homme est la seule créature qui consomme sans produire. Il ne donne pas de lait, il ne pond pas d'œufs, il est trop débile[2] pour pousser la charrue, bien trop lent pour attraper un lapin. Pourtant le voici le suzerain de tous les animaux. Il distribue les tâches entre eux, mais ne leur donne en retour que la maigre pitance[3] qui les maintient en vie. Puis il garde pour lui le surplus. Qui laboure le sol ? Nous ! Qui le féconde ? Notre fumier ! Et pourtant pas un parmi nous qui n'ait que sa peau pour tout bien. Vous, les vaches là devant moi, combien de centaines

---

1. ***Tout uniment*** : tout simplement.
2. ***Débile*** : faible.
3. ***Pitance*** : ration de nourriture nécessaire à la subsistance (terme vieilli, familier et connoté péjorativement).

d'hectolitres de lait n'avez-vous pas produits l'année dernière ? Et qu'est-il advenu de ce lait qui vous aurait permis d'élever vos petits, de leur donner force et vigueur ? De chaque goutte l'ennemi s'est délecté et rassasié. Et vous les poules, combien d'œufs n'avez-vous pas pondus cette année-ci ? Et combien de ces œufs avez-vous couvés ? Tous les autres ont été vendus au marché, pour enrichir Jones et ses gens ! Et toi, Douce, où sont les quatre poulains que tu as portés, qui auraient été la consolation de tes vieux jours ? Chacun d'eux fut vendu à l'âge d'un an, et plus jamais tu ne les reverras ! En échange de tes quatre maternités et du travail aux champs, que t'a-t-on donné ? De strictes rations de foin plus un box dans l'étable ! [...]

« Et souvenez-vous-en, camarades : votre résolution ne doit jamais se relâcher. Nul argument ne vous fera prendre des vessies pour des lanternes[1]. Ne prêtez pas l'oreille à ceux selon qui l'Homme et les animaux ont des intérêts communs, à croire vraiment que de la prospérité de l'un dépend celle des autres ? Ce ne sont que des mensonges. L'Homme ne connaît pas d'autres intérêts que les siens. Que donc prévalent[2], entre les animaux, au fil de la lutte, l'unité parfaite et la camaraderie sans faille. Tous les hommes sont des ennemis. Les animaux entre eux sont tous des camarades. [...]

« J'ai peu à ajouter. Je m'en tiendrai à redire que vous avez à montrer en toutes circonstances votre hostilité envers l'Homme et ses façons de faire. L'ennemi est tout deuxpattes[3], l'ami tout quatrepattes ou tout volatile. Ne perdez pas de vue non plus que la lutte elle-même ne doit pas nous changer à la ressemblance de l'ennemi. Même après l'avoir vaincu, gardons-nous de ses vices. Jamais animal n'habitera une maison, ne dormira dans un lit,

1. ***Ne vous fera prendre des vessies pour des lanternes*** : ne vous abusera ; ne vous fera croire des choses absurdes.

2. ***Prévalent*** : l'emportent.

3. ***Deuxpattes*** : néologisme de Sage l'Ancien servant à désigner l'homme ; « quatrepattes » désigne les animaux.

ne portera de vêtements, ne touchera à l'alcool ou au tabac, ni à l'argent, ni ne fera négoce. Toutes les mœurs de l'Homme sont de mauvaises mœurs. Mais surtout, jamais un animal n'en tyrannisera un autre. Quand tous sont frères peu importe le fort ou le faible, l'esprit profond ou simplet. Nul animal jamais ne tuera un autre animal. Tous les animaux sont égaux.

«Maintenant, camarades, je vais vous dire mon rêve de la nuit dernière. Je ne m'attarderai pas à le décrire vraiment. La terre m'est apparue telle qu'une fois délivrée de l'Homme, et cela m'a fait me ressouvenir d'une chose enfouie au fin fond de la mémoire. Il y a belle lurette, j'étais encore cochon de lait, ma mère et les autres truies chantaient souvent une chanson dont elles ne savaient que l'air et les trois premiers mots. Or, dans mon rêve de la nuit dernière, cette chanson m'est revenue avec toutes les paroles – des paroles, j'en suis sûr, que jadis ont dû chanter les animaux, avant qu'elles se perdent dans la nuit des temps. Mais maintenant, camarades, je vais la chanter pour vous. Je suis d'un âge avancé, certes, et ma voix est rauque, mais quand vous aurez saisi l'air, vous vous y retrouverez mieux que moi. Le titre, c'est *Bêtes d'Angleterre.*»

«Sage l'Ancien se racla la gorge et se mit à chanter. Sa voix était rauque, ainsi qu'il avait dit, mais il se tira bien d'affaire. L'air tenait d'*Amour toujours* et de *La Cucaracha*, et on en peut dire qu'il était plein de feu et d'entrain. Voici les paroles de la chanson :

«Bêtes d'Angleterre et d'Irlande,
Animaux de tous les pays,
Prêtez l'oreille à l'espérance
Un âge d'or vous est promis.

«L'homme tyran exproprié[1],
Nos champs connaîtront l'abondance,

1. ***Exproprié*** : dépossédé de ses propriétés.

De nous seuls ils seront foulés,
Le jour vient de la délivrance.

« Plus d'anneaux qui pendent au nez,
Plus de harnais sur nos échines[1]*,*
Les fouets cruels sont retombés
Éperons et mors sont en ruine.

« Des fortunes mieux qu'en nos rêves,
D'orge et de blé, de foin, oui da[2]*,*
De trèfle, de pois et de raves[3]
Seront à vous ce jour-là.

« Ô comme brillent tous nos champs,
Comme est plus pure l'eau d'ici,
Plus doux aussi souffle le vent
Du jour que l'on est affranchi[4]*.*

« Vaches, chevaux, oies et dindons,
Bien que l'on meure avant le temps,
Ce jour-là préparez-le donc,
Tout être libre absolument.

« Bêtes d'Angleterre et d'Irlande,
Animaux de tous les pays,
Prêtez l'oreille à l'espérance
Un âge d'or vous est promis. »

D'avoir chanté un chant pareil suscita chez les animaux l'émotion, la fièvre et la frénésie. Sage l'Ancien n'avait pas entonné le

1. ***Échines*** : dos.
2. ***Da*** : interjection qui renforce l'affirmation (terme vieilli).
3. ***Raves*** : plantes potagères à racine charnue comestible.
4. ***Affranchi*** : sorti de l'esclavage.

dernier couplet que tous s'étaient mis à l'unisson. Même les plus bouchés des animaux avaient attrapé l'air et jusqu'à des bribes de paroles. Les plus délurés, tels que cochons et chiens, apprirent le tout par cœur en quelques minutes. Et, après quelques répétitions improvisées, la ferme entière retentit d'accents martiaux[1], qui étaient beuglements des vaches, aboiements des chiens, bêlements des moutons, hennissements des chevaux, couac-couac des canards. *Bêtes d'Angleterre, animaux de tous les pays* : c'est ce qu'ils chantaient en chœur à leurs différentes façons, et d'un tel enthousiasme qu'ils s'y reprirent cinq fois de suite et d'un bout à l'autre. Si rien n'était venu les arrêter dans leur élan, ils se seraient exercés toute la nuit.

La Ferme des animaux, trad. Jean Quéval,

■ Franz Kafka, *Le Procès*, 1912 (éd. posth. 1926)

Écrivain tchèque de langue allemande, Kafka (1883-1924), tant il doutait de l'intérêt de son œuvre, n'a rien voulu publier de son vivant, à l'exception du texte qui suit. En effet, au moment où il décide d'abandonner l'écriture du *Procès*, qui restera inachevé, il choisit de faire paraître isolément ce court apologue, traditionnellement nommé « Les Portes de la Loi » (ou « Devant la Loi »). Des œuvres de Kafka (*Le Château*, *La Métamorphose*, *Le Procès*) on s'emploie à dire qu'elles sont marquées par un absurde tragique, exprimant le rapport angoissant des hommes au monde moderne dans lequel ils ne trouvent ni identité, ni sens, ni apaisement. Néanmoins, l'ironie que déploie continuellement Kafka dans ses textes laisse penser qu'il considérait plutôt ces derniers comme des écrits fondamentalement subversifs, s'attaquant à toute forme d'autorité arbitraire pesant sur l'individu, qu'elle s'incarne dans l'État, la Loi ou le règlement administratif. Dans son *Anthologie de l'humour noir*, André Breton

1. ***Accents martiaux*** : sons propres à la musique militaire.

définit ainsi la nature foncièrement libératrice de l'œuvre de Kafka : « nulle œuvre ne milite tant contre l'admission d'un principe souverain extérieur à celui qui pense ».

« Il fallait qu'on ait calomnié Joseph K. : un matin, sans avoir rien fait de mal, il fut arrêté. » La première phrase du *Procès* plonge d'emblée le lecteur dans un monde absurde et inquiétant où le personnage, Joseph K., se sent perdu et traqué. Accusé sans raison, il reste libre d'aller et venir malgré son arrestation ; il est obsédé par la volonté, vaine, de comprendre le sens de son histoire.

L'apologue des « Portes de la Loi » prend place à la fin du parcours de K. Aux dires du prêtre qu'il rencontre dans une cathédrale étrangement déserte et qui semble tout connaître de son histoire, cette fable devrait enfin l'éclairer et lui permettre d'appréhender la Loi qui l'oppresse et qu'il ne saisit pas.

Ce passage, dont la signification ne se dévoile pas d'emblée, a fait l'objet d'interprétations diverses depuis sa publication ; certains lecteurs du *Procès*, qui vécurent sous le joug communiste en Europe et en URSS, bravant la censure qui s'exerçait sur les récits de Kafka, y virent une dénonciation radicale de toute dictature – la Loi étant sentie comme un arbitraire absolu, et le gardien comme un agent complice de cet arbitraire. Cette lecture semble réductrice ; Kafka a écrit son texte bien avant l'avènement du communisme soviétique, avant aussi celui du fascisme et du nazisme (à ce sujet, le début du récit est sans ambiguïté : « K. vivait pourtant dans un État régi par le Droit, la paix régnait partout, les lois n'étaient pas suspendues »). L'extrait doit être lu sans *a priori* et de façon attentive si l'on veut découvrir sa profonde portée politique : l'homme vient consulter la Loi tout à fait librement ; rien ne l'oblige à attendre devant la porte et, à la fin du passage, le prêtre affirme que le gardien ne cherche pas à dérouter l'homme de la campagne : « Rien n'y parle de tromperie. »

L'enjeu de l'apologue est donc plus universel. La fable invite le lecteur à s'interroger sur le rapport qu'entretient chaque individu à la Loi et à ses interdits dans un système politique libre[1].

---

1. Voir dossier, « Comment lire un apologue ? », p. 115.

[Les Portes de la Loi]

« Tu te fais des illusions sur le tribunal, dit le prêtre. Dans les textes introductifs de la Loi, il est écrit ceci quant à cette illusion : “Devant la porte de la Loi se tient un gardien. Ce gardien voit arriver un homme de la campagne qui sollicite accès à la Loi. Mais le gardien dit qu’il ne peut le laisser entrer maintenant. L’homme réfléchit, puis demande si, alors, il pourra entrer plus tard. – C’est possible, dit le gardien, mais pas maintenant.’ Comme la grande porte de la Loi est ouverte, comme toujours, et que le gardien s’écarte, l’homme se penche pour regarder à l’intérieur. Quand le gardien s’en aperçoit, il rit et dit : – Si tu es tellement attiré, essaie donc d’entrer en dépit de mon interdiction. Mais sache que je suis puissant. Et je ne suis que le dernier des gardiens. De salle en salle, il y a des gardiens de plus en plus puissants. La vue du troisième est déjà insupportable, même pour moi.’ L’homme de la campagne ne s’attendait pas à de telles difficultés ; la Loi est pourtant censée être accessible à tous à tout moment, pense-t-il ; mais en examinant de plus près le gardien dans sa pelisse[1], avec son grand nez pointu, sa longue barbe de Tartare maigre et noire, il se résout à attendre tout de même qu’on lui donne la permission d’entrer. Le gardien lui donne un tabouret et le fait asseoir à côté de la porte. Il y reste des jours, des années. Il fait de nombreuses tentatives pour être admis et fatigue le gardien de ses prières. Le gardien lui fait fréquemment subir de petits interrogatoires, lui pose toutes sortes de questions sur son pays et sur bien d’autres choses, mais ce sont des questions posées avec indifférence, comme le font les gens importants ; et il conclut à chaque fois en disant qu’il ne peut toujours pas le laisser entrer. L’homme, qui s’est muni de beaucoup de choses pour ce voyage, les utilise toutes,

1. ***Pelisse*** : manteau fait ou doublé de fourrure.

si précieuses soient-elles, pour soudoyer[1] le gardien. Celui-ci accepte bien tout, mais en disant : – J'accepte uniquement pour que tu sois sûr de ne rien avoir négligé.' Pendant toutes ces années, l'homme observe le gardien presque sans interruption. Il oublie les autres gardiens et ce premier lui semble être l'unique obstacle qui l'empêche d'accéder jusqu'à la Loi. Il maudit le hasard malheureux, à voix haute et sans retenue les premières années ; par la suite, avec l'âge, il ne fait plus que grommeler dans son coin. Il retombe en enfance : étudiant le gardien depuis des années, il connaît même les puces de son col en fourrure, et il supplie jusqu'à ces puces de l'aider à fléchir le gardien. Finalement, sa vue baisse et il ne sait pas s'il fait réellement plus sombre autour de lui, ou bien si ce sont seulement ses yeux qui le trompent. Mais il distingue bien dans l'obscurité une lueur que rien n'éteint et qui passe par la porte de la Loi. Alors il n'a plus longtemps à vivre. Avant qu'il meure, toute l'expérience de tout ce temps passé afflue dans sa tête et prend la forme d'une question, que jamais jusque-là il n'a posée au gardien. Il lui fait signe d'approcher, car il ne peut plus redresser son corps de plus en plus engourdi. Le gardien doit se pencher de haut, car la différence de taille entre eux s'est accentuée nettement au détriment de l'homme. – Qu'est-ce que tu veux encore savoir, dit le gardien ? Tu es insatiable[2]. – N'est-ce pas, dit l'homme, tout le monde voudrait tant approcher la Loi. Comment se fait-il qu'au cours de toutes ces années il n'y ait eu que moi qui demande à entrer ?' Le gardien se rend compte alors que c'est la fin et, pour frapper encore son oreille affaiblie, il hurle : – Personne d'autre n'avait le droit d'entrer par ici, car cette porte t'était destinée, à toi seul. Maintenant je pars et je vais la fermer."

– Le gardien a donc trompé cet homme, dit aussitôt K. très attiré par cette histoire.

1. ***Soudoyer*** : corrompre.
2. ***Insatiable*** : qui n'est jamais rassasié (sens figuré).

– Ne va pas trop vite, dit le prêtre ; n'adopte pas sans examen les opinions d'autrui. Je t'ai raconté cette histoire dans les termes mêmes du texte. Rien n'y parle de tromperie. »

Le Procès, trad. Bernard Lortholary,

■ Franz Kafka, « Le Terrier » (1923)

« C'est moi qui ai agencé le terrier, et il semble que ce soit une réussite. » Ainsi commence la longue nouvelle fantastique de Franz Kafka qui reste inachevée à la mort de l'auteur en 1924 (voir p. 85). Dans le passage qui suit, le narrateur, à la fois animal et étrangement doué de conscience, constate qu'il lui est impossible de préserver dans son terrier ses réserves de nourriture et, par conséquent, qu'il ne peut assurer sa tranquillité. La portée de cet apologue déroutant ne se laisse pas appréhender facilement, comme souvent dans les récits de Kafka. Le titre original du texte, *Der Bau*, en allemand, offre une clé de lecture ; plus largement que « terrier », le terme *Bau* désigne toute forme de construction. La nouvelle évoque vraisemblablement de façon universelle la difficulté pour l'homme de maîtriser ce qu'il cherche à bâtir : dans un jeu de métamorphoses sans fin, le terrier peut symboliser une demeure ou n'importe quelle propriété, un système de pensée en cours d'élaboration, voire un récit en cours de construction.

Contrairement aux récits fantastiques traditionnels, lesquels confrontent le lecteur à un univers qui peu à peu se dérègle étrangement, le texte kafkaïen plonge d'emblée son destinataire dans un monde dont il ne comprend pas le fonctionnement. À cet égard, on peut parler de radicalité fantastique, tant la possibilité de percevoir le sens des choses paraît illusoire dans les œuvres de l'écrivain.

Bien qu'envahissant, le sentiment de l'absurde que rencontre le lecteur du « Terrier » ne s'accompagne pas d'un désespoir absolu : les vaines tentatives de la créature disent bien quelque chose des limites de l'homme dans sa volonté de maîtrise universelle.

Le Terrier

Pas tout à fait au centre du terrier, et bien calculée pour le cas d'un péril extrême, non précisément d'une poursuite mais d'un siège, il y a la place principale. Alors que tout le reste est peut-être plutôt un travail de l'intellect le plus poussé qu'un travail physique, cette place au cœur de la citadelle est le résultat du travail le plus pénible de toutes les parties de mon corps. À plusieurs reprises, dans le désespoir de la fatigue physique, j'ai voulu tout abandonner, je me suis roulé sur le dos en maudissant le terrier, je me suis traîné au-dehors en le laissant béant, ce que je pouvais bien faire, puisque je ne voulais plus y retourner ; et puis, après des heures ou des jours, j'y revenais avec remords, j'aurais pour un peu entonné un chant de le retrouver intact, et je reprenais le travail avec une sincère allégresse. Le travail de construction de cette place au cœur de la citadelle se compliqua d'ailleurs inutilement (par inutilement j'entends que le terrier ne profita pas en vérité de ce surcroît de labeur) du fait qu'à l'endroit précis où mes plans voulaient qu'elle fût, la terre était fort meuble[1] et sablonneuse ; il fallut carrément la damer[2] pour donner à cette grande place les belles courbes de sa voûte et de son arrondi. Or, pour un tel ouvrage, je ne dispose que de mon front. C'est donc le front en avant que je me lançai des milliers de fois, nuit et jour, contre la terre, heureux quand j'avais le front en sang, car cela prouvait que la paroi commençait d'être dure, et de la sorte, comme on me l'accordera peut-être, j'ai bien mérité ma place au cœur de la citadelle.

Sur cette place, je stocke mes provisions ; tout ce que j'attrape à l'intérieur du terrier et qui excède mes besoins immédiats, et tout ce que je rapporte de mes chasses à l'extérieur de ma demeure, je l'amasse là. La place est si vaste que des provisions pour six mois ne la remplissent pas. De ce fait, je puis aisément

1. ***Meuble*** : qui se fragmente facilement.

2. ***Damer*** : tasser.

les étaler, circuler au milieu, jouer avec elles, me délecter de leur abondance et de leurs odeurs diverses, et avoir toujours une exacte vue d'ensemble sur ce dont je dispose. Ensuite, je peux aussi procéder sans cesse à de nouveaux rangements et, selon la saison, faire les calculs prévisionnels et les plans de chasse qui s'imposent. Il est des périodes où je suis tellement bien approvisionné que, par indifférence envers la nourriture, je ne touche même pas au menu fretin[1] qui hante les lieux, même si pour d'autres raisons c'est peut-être imprudent. À force de me préoccuper de mes dispositifs de défense, je constate que mes vues concernant l'utilisation du terrier à de telles fins changent ou évoluent, encore que dans d'étroites limites. Il m'apparaît alors parfois dangereux de fonder ma défense tout entière sur cette place au cœur de la citadelle ; la diversité du terrier m'offre pourtant des possibilités elles aussi plus diverses, et il me paraît plus conforme à la prudence de répartir quelque peu les provisions et d'en pourvoir aussi un certain nombre de petites places ; je décide alors, par exemple, de faire d'une place sur trois une réserve à provisions, ou bien d'une place sur quatre une réserve principale et d'une place sur deux une réserve secondaire, etc. Ou encore, pour tromper l'ennemi, j'exclus totalement telles galeries de ce stockage de provisions, ou bien je choisis par bonds imprévus, selon la situation de chacune par rapport à l'issue principale, un petit nombre de places seulement.

Chacun de ces nouveaux plans exige à vrai dire un dur travail de manutention ; il me faut établir le nouveau décompte, et puis je transporte les fardeaux de ci, de là. Je puis en vérité le faire tranquillement sans me presser, et ce n'est pas si terrible de porter ces bonnes choses dans sa gueule, de se reposer où l'on veut et de grignoter ce qui vous fait envie. Plus terrible est l'impression que j'ai parfois, généralement en me réveillant en sursaut, que la

1. ***Menu fretin*** : ensemble de choses considérées comme de peu d'importance.

répartition en cours est une erreur totale, qu'elle est susceptible d'entraîner de grands dangers et qu'il faut de toute urgence la rectifier, sans égard pour ma fatigue et mon envie de dormir ; alors je me précipite, je vole, je n'ai pas le temps de me livrer à des calculs ; moi qui entends exécuter un nouveau plan tout à fait précis, voici que je saisis au petit bonheur ce qui me tombe sous les dents, je traîne, je porte, je gémis, je râle, je trébuche, et je me satisfais de n'importe quelle modification arbitraire de cet état présent qui me paraît si dangereux. Jusqu'à ce que peu à peu, me réveillant tout à fait, je reprenne mes esprits, ayant peine à comprendre ma précipitation : je respire alors profondément la paix de ma demeure que j'ai moi-même troublée, je regagne ma couche[1], ce surcroît de fatigue fait que je m'y rendors aussitôt et, au réveil, preuve irréfutable de ce travail nocturne qui déjà me paraît presque n'être plus qu'un rêve, je me retrouve par exemple avec un rat qui est resté accroché à mes dents.

Et puis il est aussi des moments où la solution de beaucoup préférable me semble être de rassembler toutes les provisions en un seul lieu. À quoi peuvent me servir les provisions des petites places, d'ailleurs quelles quantités peut-on bien y entreposer ? Et, quoi qu'on y entrepose, cela barre le chemin et me gênera peut-être un jour dans ma défense ou dans ma course. De plus, c'est à vrai dire bête, mais c'est vrai : la bonne opinion qu'on a de soi pâtit[2] de ce qu'on ne voie pas toutes les provisions ensemble et qu'on ne sache donc pas d'un seul coup d'œil ce qu'on possède. Est-ce que toutes ces répartitions ne peuvent pas aussi occasionner bien des pertes ? Je ne puis pas galoper sans cesse dans ces galeries qui s'entrecroisent pour vérifier si tout est comme il faut. L'idée fondamentale de répartir les provisions est certes judicieuse, mais en fait uniquement si l'on dispose de plusieurs places comme celle qui est au cœur de la citadelle. Plusieurs places

1. ***Ma couche*** : le lieu où je dors.
2. ***Pâtit*** : souffre.

de ce genre ? Bien sûr ! Mais qui y arriverait ? D'ailleurs elles ne pourraient plus à présent venir s'intégrer dans le plan d'ensemble de mon terrier. Mais je veux bien convenir que c'est là un défaut de sa construction, comme on en trouve en toute chose dont on ne possède qu'un seul exemplaire. Et j'avoue aussi que pendant toute sa construction je fus obscurément conscient – mais assez clairement, si la bonne volonté ne m'avait pas fait défaut – de cette exigence d'avoir plusieurs places fortes. J'y suis resté sourd, je me sentais trop faible pour cet énorme travail, je me sentais même trop faible pour m'en représenter la nécessité ; je puisai une espèce de consolation dans des sentiments non moins obscurs, me disant que ce qui ne suffirait pas dans d'autres cas suffirait dans le mien pour une fois, par exception, par grâce[1], sans doute parce que la providence[2] tient particulièrement à sauvegarder cet outil de damage qu'est mon front.

Ainsi donc je n'ai qu'une place forte, mais les sentiments obscurs qui me disaient que pour une fois elle suffirait se sont évanouis.

Un jeûneur et autres nouvelles, trad. Bernard Lortholary,

■ Fredric Brown, *Lune de miel en enfer* (1950)

Écrivain américain, Fredric Brown (1906-1972) commence sa carrière littéraire en publiant des récits policiers – romans et nouvelles – avant de se consacrer à la littérature d'anticipation.
Extrait de *Lune de miel en enfer* (1950), « L'Arme » a été rédigé dans un double contexte historique qui en éclaire la signification : d'une part la guerre froide, qui oppose, dans une tension permanente et

1. ***Par grâce*** : par faveur.
2. ***Providence*** : le terme, qui appartient au domaine religieux, désigne la sagesse absolue de Dieu dans sa façon de gouverner le monde. Au sens figuré, le mot désigne la force ou le phénomène qui assure une protection, un soutien.

une crainte mutuelle, deux modèles politiques antagonistes – le bloc soviétique et les démocraties occidentales ; d'autre part le choc qu'ont suscité les bombardements atomiques de deux villes japonaises par les États-Unis en août 1945 : Hiroshima et Nagasaki. L'humanité a pris conscience qu'elle possédait les moyens de se détruire intégralement. La nouvelle se présente comme un huis clos, où règne une tension qui va croissant jusqu'à la chute finale ; elle met en scène le professeur Graham, éminent scientifique qui travaille à l'élaboration d'une arme totale, et Niemand, un journaliste dont le patronyme signifie « personne » en allemand. Ce nom rappelle celui qu'emprunte Ulysse, dans l'épopée d'Homère[1], lorsqu'il se présente au cyclope, un monstre qui s'apprête à le dévorer. Comme Ulysse, Niemand est intelligent et rusé. Graham refuse de s'interroger sur les éventuels usages que les hommes, par essence imparfaits, pourraient faire de ses découvertes. Pour contraindre le professeur à assumer ses responsabilités, Niemand offre au fils de celui-ci, atteint de déficience mentale, un cadeau étonnant et très symbolique.

L'Arme

Le silence régnait dans la pièce que gagnaient les premières ombres de la journée finissante. Le Dr James Graham, patron d'un groupe scientifique attelé à une réalisation de très haute importance, était assis dans son fauteuil préféré. Il méditait. Le silence était tel qu'il entendait tourner les pages dans la pièce voisine, où son fils feuilletait un livre d'images.

Très souvent Graham faisait ses apports les plus constructifs en méditant ainsi, assis tout seul dans une pièce non éclairée de son appartement, à la fin d'une journée de travail normal à son bureau. Mais aujourd'hui son cerveau ne produisait rien de constructif. Il n'arrivait pas à détacher ses pensées de son fils, de son fils unique dont le développement mental s'était arrêté à l'enfance. Il pensait à ce fils avec amour, et non plus avec

1. *Odyssée*, chant XII.

l'angoisse atroce qu'il avait éprouvée, plusieurs années auparavant, lorsqu'il avait appris l'état de son fils. L'enfant était heureux, n'était-ce pas là l'essentiel ? Et il n'y a pas beaucoup d'hommes à qui il est donné d'avoir un enfant qui restera toujours un enfant, qui ne deviendra jamais adulte, qui ne le quittera jamais. C'était bien sûr là un raisonnement fabriqué à force de volonté, mais quel mal y a-t-il à se forcer à raisonner ainsi quand…

On sonna à la porte.

Graham se leva et alluma dans la pièce où il faisait maintenant presque nuit : puis il alla ouvrir. Une visite n'avait rien pour l'importuner : au point où il en était, n'importe quoi venant interrompre le cours de ses pensées était le bienvenu.

Il ouvrit la porte. Il ne connaissait pas son visiteur.

« Dr Graham ? demanda l'homme. Je m'appelle Niemand et je voudrais vous parler. Puis-je entrer pour un instant ? »

Graham regarda l'homme. Il était de petite taille, sans signes distinctifs ; un être inoffensif, de toute évidence. Un journaliste, peut-être, ou un démarcheur d'assurances.

Mais peu importait qui était l'homme :

« Mais bien sûr, dit Graham. Entrez donc, M. Niemand. »

Il se justifiait à ses propres yeux en se disant que quelques minutes de conversation, sur n'importe quel sujet, lui changeraient les idées, lui remettraient l'esprit en place. Ils passèrent au salon.

« Asseyez-vous, monsieur, dit Graham. Voulez-vous boire quelque chose ?

– Non merci. »

Graham se rassit dans son fauteuil, Niemand s'installait sur le canapé.

Le petit homme croisa les mains et se pencha en avant :

« Dr Graham, dit-il, vous êtes l'homme dont le travail scientifique est mieux fait que le travail de quiconque pour supprimer les dernières chances de survie de l'espèce humaine. »

Un cinglé, se dit Graham. Il se rendit compte, mais trop tard, qu'il aurait dû demander à l'homme de quoi il voulait lui parler avant de le laisser entrer. L'entretien s'annonçait déplaisant. Graham avait horreur de se montrer brutal, mais la brutalité était le seul procédé efficace, en certains cas.

« L'arme sur laquelle vous travaillez, Dr Graham... »

Le visiteur s'interrompit et tourna la tête vers la porte qui venait de s'ouvrir et par laquelle un garçonnet de quinze ans entra. Le garçonnet ne remarqua pas la présence de Niemand et courut droit vers Graham :

« Tu me fais la lecture maintenant, papa ? »

Le rire du garçon de quinze ans était clair comme celui d'un enfant de quatre.

Graham prit l'enfant dans ses bras et jeta un coup d'œil à son visiteur, se demandant si celui-ci était au courant. L'absence de tout signe de surprise sur le visage de Niemand ne laissait guère de doute : Niemand était au courant.

« Harry, dit Graham d'une voix douce, ton papa est occupé. Pour quelques instants encore. Rentre dans ta chambre, j'irai te faire la lecture dans quelques instants.

– Petit Poulet [1] ? Tu me liras l'histoire du Petit Poulet ?

– Si tu veux. Et maintenant, va chez toi. Non, attends : Harry, dis bonjour à monsieur Niemand. »

Le garçon sourit en rougissant au visiteur.

« Bonjour, Harry », dit Niemand en lui tendant la main.

Il n'y avait plus aucun doute, maintenant : Niemand savait, le sourire qu'il lançait à l'enfant, sa façon de tendre la main, tout montrait qu'il savait l'âge mental du garçon de quinze ans qu'il avait devant lui.

Harry prit la main tendue de M. Niemand. Il semblait sur le point de grimper sur les genoux de celui-ci, quand Graham l'attira doucement en arrière :

---

1. ***Petit Poulet*** est le héros d'un conte traditionnel : un gland tombe un jour sur sa tête ; croyant qu'il s'agit d'un morceau de ciel, il donne l'alerte dans toute la ville, provoquant affolement et panique.

«Va dans ta chambre maintenant, tu veux...» lui dit-il.

Le garçonnet rentra chez lui, sans renfermer sa porte.

Le regard de Niemand se posa sur les yeux de Graham :

«Il me plaît, votre fils, dit-il avec une sincérité évidente. J'espère que ce que vous lui lirez sera toujours la vérité.»

Graham ne comprenait pas très bien...

«Je veux parler de l'histoire du Petit Poulet, expliqua le visiteur. C'est une jolie histoire... mais j'espère que Petit Poulet aura toujours tort, et que le ciel ne tombera jamais.»

Graham s'était senti beaucoup de sympathie pour Niemand, en constatant la sympathie de celui-ci pour le petit Harry. Il se rappela d'un seul coup qu'il fallait mettre un terme rapide à l'entretien. Il se leva, pour signifier que l'entretien était terminé :

«Je crains que vous perdiez votre temps, et le mien aussi, M. Niemand. Je connais tous les arguments que vous pourrez me donner, tout ce que vous pourriez me dire je l'ai entendu mille fois. Il se peut qu'il y ait du vrai dans ce que vous pensez, mais cela ne me concerne pas. Je suis un scientifique, et rien qu'un scientifique. Oui, tout le monde sait que je travaille à la réalisation d'une arme que l'on peut qualifier de "totale". Mais, pour moi, ce n'est là qu'un à-côté du fait que je participe au progrès des sciences. J'ai bien réfléchi au problème, je peux donc dire que la science est mon unique préoccupation.

– Mais, Dr Graham, l'humanité est-elle *mûre* pour une arme totale ?

– Je vous en prie, monsieur. Je viens de vous donner ma position.»

Niemand se leva, lentement :

«Tant pis, dit-il. Si vous ne voulez pas en parler, je n'en dirai plus rien. Je vais donc vous dire adieu. Mais... puis-je changer d'avis pour le verre que vous m'aviez proposé de boire ?»

L'irritation de Graham disparut :

«Mais certainement. Un whisky avec de l'eau, si vous voulez ?

– Ce sera parfait.»

Graham s'excusa et passa dans la cuisine, où il prit la bouteille de whisky, une carafe d'eau, des glaçons, deux verres.

Quand il revint au salon, Niemand sortait tout juste de la chambre du petit Harry.

« Bonne nuit, Harry, disait Niemand.

– Bonne nuit, monsieur Niemand », disait le garçon.

Graham versa le whisky et l'eau. Peu après, Niemand refusa un second verre et se leva pour partir :

« J'ai pris la liberté, dit-il alors, d'apporter un petit cadeau pour votre fils. Je le lui ai donné pendant que vous étiez allé à la cuisine. Vous me pardonnerez, j'espère.

– Bien sûr. Je vous remercie. Bonsoir, Monsieur. »

Graham referma la porte derrière son visiteur, traversa le salon, entra chez son fils :

« Eh bien, voilà, Harry, dit-il, je viens te faire la leç... »

Un frisson glacé lui parcourut le dos, mais il se força à ne rien laisser voir de sa terreur. Il s'approcha doucement du lit :

« Tu veux me montrer ça, Harry... » dit-il.

Quand il l'eut, il l'examina de près, et ses mains tremblaient.

« *Seul un fou,* se disait-il, *peut donner un pistolet chargé à un idiot.* »

Lune de miel en enfer, © Fredric Brown, 1950/
© Denoël, 1990, pour la trad. française par Jean Sendy.

■ Italo Calvino, *La Grande Bonace des Antilles* – 3 (1997)

« Il y avait un pays... » : le début de cet apologue d'Italo Calvino est digne des contes de fées. Mais il ne trompe pas longtemps le lecteur. Ce dernier a tôt fait de repérer l'ironie féroce qui caractérise ce texte politique, extrait de *La Grande Bonace des Antilles* (voir p. 39) : les hommes, suggère-t-il, s'arrangent des interdits politiques qui pèsent sur eux et renoncent à l'exercice de leur liberté quand l'occasion s'en présente. Cette vision pessimiste de l'humanité fait écho aux propos

d'Étienne de La Boétie (1530-1563) dans un ouvrage au titre éloquent – *Discours de la servitude volontaire* (1576) : l'ami de Montaigne y affirme que l'humanité est sans cesse menacée de « servitude volontaire », c'est-à-dire consentie sans obligation.
Dans l'apologue d'Italo Calvino, la révolte soudaine et tardive du peuple, dont il a préalablement souligné l'immobilisme en toutes circonstances, surprend le lecteur, parce qu'elle est étrangement motivée. Le texte se termine sur une note très sombre : la révolution aura été le contraire d'une émancipation. Contestation de l'idée selon laquelle l'homme n'aspire qu'à la liberté, le récit s'apparente aussi à une mise en garde : à se soumettre trop longtemps au joug de la tyrannie, les hommes, par habitude, sont susceptibles de perdre le sens des valeurs, d'oublier que le goût de la liberté est l'une des plus précieuses d'entre elles et de ne pas exercer celle-ci quand ils le pourraient.

Contentement passe richesse

Il y avait un pays où tout était interdit.

Or seul le jeu du bâtonnet[1] n'était pas interdit, et les sujets qui s'y adonnaient se réunissaient sur certains prés à la lisière du village et y passaient leurs journées, en jouant au bâtonnet.

Et comme les interdictions étaient venues progressivement, toujours avec des raisons et des justifications, il n'y avait personne qui y trouvât à redire ou ne sût s'adapter.

Les années passèrent. Un jour, les connétables[2] s'aperçurent qu'il n'y avait plus de raison à ce que tout fût interdit et ils envoyèrent des messagers pour avertir leurs sujets qu'ils pouvaient faire ce qu'ils voulaient.

Les messagers s'en allèrent aux endroits où les sujets avaient l'habitude de se réunir.

« Sachez, annoncèrent-ils, que rien n'est plus interdit. »

---

1. ***Le jeu du bâtonnet*** : il s'agit d'un jeu d'adresse.
2. ***Connétables*** : commandants en chef de l'armée (terme en usage du XIIe au XVIIe siècle pour désigner en France le commandant suprême de l'armée royale).

Les autres continuaient à jouer au bâtonnet.

« Avez-vous compris ? insistèrent les messagers. Vous êtes libres de faire ce que vous voulez.

– Très bien, répondirent les sujets. Nous, nous jouons au bâtonnet. »

Les messagers s'évertuèrent à leur rappeler combien d'occupations belles et utiles ils avaient eues dans le passé et pourraient avoir de nouveau à partir de maintenant. Mais les autres ne les écoutaient pas et continuaient de jouer au bâtonnet, un coup après l'autre, sans reprendre haleine.

Ayant vu que leurs tentatives étaient vaines, les messagers revinrent le dire aux connétables.

« Ça va être vite fait, répondirent les connétables. Interdisons le jeu du bâtonnet. »

Ce fut alors que le peuple fit la révolution et les tua tous.

Puis, sans perdre de temps, il recommença à jouer au bâtonnet.

La Grande Bonace des Antilles,

■ Dino Buzzati, *L'Écroulement de la Baliverna* (1954)

« Les Souris » est issu du recueil de Dino Buzzati (voir p. 56) intitulé *L'Écroulement de la Baliverna*. Cette nouvelle fantastique est une fable politique dont on découvre l'enjeu et la portée à travers l'évolution étrange et symbolique des rats qui peuplent la maison des amis du narrateur. En apparence familière et inoffensive au début du récit, la présence des rongeurs devient peu à peu envahissante puis terrifiante. Elle se transforme en véritable menace que rien ne peut plus endiguer. Rédigé par un auteur qui a vu naître, croître et s'imposer le fascisme italien, cet apologue invite le lecteur à réfléchir à la façon dont émergent et triomphent les régimes totalitaires.

En plusieurs étapes, marquées par des ellipses narratives répétées (« L'année suivante », « Une année passe encore », « Une autre année encore », « l'année suivante », « maintenant »), le lecteur suit la façon dont les amis du narrateur, par une succession de renoncements, se laissent dominer par les rats. Les souffrances des personnages sont seulement suggérées : de ce traitement des malheurs endurés le texte tire toute sa force pathétique.

Les Souris

Qu'est-il advenu de mes amis Corio ? Que se passe-t-il dans leur vieille maison de campagne qu'on appelle la Doganella ? Depuis bien longtemps ils m'invitaient chaque été pour quelques semaines. Cette année, pour la première fois, ils n'en ont rien fait. Giovanni m'a écrit quelques lignes d'excuse. Une lettre curieuse, faisant allusion d'une façon vague à des difficultés, des ennuis de famille, mais qui n'explique rien.

Ah, combien de jours heureux ai-je vécus dans leur maison, dans la solitude des bois ! Vieux souvenirs, aujourd'hui pour la première fois vous surgissez, petits faits qui me semblaient alors banals, indifférents. Vous vous révélez à l'improviste.

Par exemple celui-ci : pendant un été désormais lointain, longtemps avant la guerre – c'était la seconde fois que j'étais l'hôte des Corio…

Je m'étais retiré dans ma chambre, au deuxième étage, une chambre qui donnait sur le jardin, celle-là même qui était la mienne chaque année, et me préparais à me coucher. Soudain j'entendis un petit bruit, un grattement au bas de la porte. J'allai ouvrir. Une souris minuscule fila entre mes jambes, traversa la chambre et courut se cacher sous la commode. Elle trottait gauchement, j'aurais facilement pu l'attraper. Mais elle était tellement gracieuse, fragile…

Le lendemain matin, par hasard, j'en parlai à Giovanni.

« Ah oui, dit-il distraitement, les souris se promènent de temps en temps dans la maison.

– Elle était si petite… Je ne me suis pas senti le courage de la…

– Oui, je comprends. Pas d'importance… »

Il se mit à parler d'autre chose, comme si mon discours lui déplaisait.

L'année suivante. Nous étions en train de jouer aux cartes, un soir, il pouvait être minuit, minuit et demi. Un clac, son métallique, comme d'un ressort, nous parvient de la pièce voisine – le salon, où à cette heure toutes les lumières étaient éteintes. Je m'inquiète.

« Qu'est-ce que c'est ?

– Je n'ai rien entendu, répond Giovanni évasif. Et toi, Elena, as-tu entendu quelque chose ?

– Non, reprend sa femme en rougissant un peu. Pourquoi ?

– Mais il me semble, dis-je, que de l'autre côté, dans le salon... un bruit métallique... »

Je remarque combien ils semblent embarrassés.

« Ah, c'est à moi de faire les cartes ? »

À peine dix minutes plus tard, nouveau clac, dans le couloir cette fois, aussitôt suivi d'un faible petit cri, un cri de bête.

« Dis-moi, Giovanni : vous avez posé des souricières ?

– Pas à ma connaissance. N'est-ce pas, Elena ? A-t-on posé des souricières ? »

Elle :

« Qu'est-ce qui vous prend ? Pour le peu de souris que nous avons ! »

Une année passe encore. À peine suis-je entré dans la maison que je remarque deux chats splendides, pleins d'une vigueur extraordinaire : chats tigrés, à forte musculature, au poil soyeux comme seuls en ont les chats qui se nourrissent de souris. Je dis à Giovanni :

« Ah, vous vous êtes quand même enfin décidés ! Ils doivent faire de ces carnages ! Je parie qu'ils ne chôment pas !

– Bah, répond-il, s'ils ne devaient vivre que de souris, les pauvres...

– Je les trouve pourtant bien gras, tes minous !

– Oh oui, on les soigne. Tu sais, dans la cuisine, ils peuvent manger tout ce qu'ils veulent.»

Une autre année encore. En arrivant dans la maison pour passer mes vacances habituelles, je retrouve les deux chats. Mais ils ne se ressemblent plus guère : ils ont perdu toute leur vigueur, ils sont décrépits[1], essoufflés, étiques[2]. Ils ne se glissent plus en frétillant d'une pièce à l'autre. Au contraire, toujours fourrés entre les jambes de leurs maîtres, somnolents, privés d'initiative. Je m'enquiers[3] :

«Sont-ils malades? Comment peuvent-ils être tellement décharnés? N'ont-ils plus de souris à se mettre sous la dent?

– Tu l'as dit! répond vivement Giovanni Corio. Ce sont les chats les plus stupides de la création. Ils ne s'intéressent à rien depuis qu'il n'y a plus de souris dans la maison... On n'en voit même pas la trace!»

Satisfait, il part dans un grand éclat de rire.

Un peu plus tard Giorgio, l'aîné des enfants de Corio, me prend à part avec des mines de comploteur.

«Tu sais pourquoi? Ils ont peur!

– Qui a peur?

– Les chats, ils ont peur. Papa ne veut jamais qu'on en parle, ça l'ennuie. Mais c'est pourtant vrai que les chats ont peur...

– Peur de qui?

– Tiens donc! des souris! En un an ces sales bêtes, elles n'étaient qu'une dizaine, sont devenues plus de cent... Et pas les petites souris de jadis! On jurerait des tigres. Plus grandes qu'une taupe, le poil hirsute, toutes noires. En fait, les chats n'osent plus s'attaquer à elles.

– Et vous ne faites rien?

---

1. ***Décrépits*** : dans un état de déchéance physique.
2. ***Étiques*** : extrêmement maigres.
3. ***Je m'enquiers*** : je demande; je cherche à savoir.

– Bah ! il faudra bien faire quelque chose, seulement papa ne s'y décide jamais. Je ne comprends pas pourquoi, mais c'est un sujet de conversation qu'il vaut mieux laisser de côté. Ça l'énerve, je te dis… »

Et l'année suivante, dès la première nuit, un immense branle-bas au-dessus de ma chambre, comme une foule en train de courir. Patapoum, patapoum. Pourtant je sais parfaitement qu'il n'y a personne là-haut, rien que les greniers inhabités, emplis de vieux meubles, de caisses, de chiffons. Bigre, quelle cavalerie ! me dis-je. Elles doivent être drôlement grosses, ces souris. Un tel chahut que je parviens difficilement à m'endormir.

Le lendemain, à table, je demande :

« Mais vous ne prenez donc aucune précaution contre les souris ? Elles ont fait une de ces sarabandes[1] cette nuit dans le grenier ! »

Je vois aussitôt le visage de Giovanni s'obscurcir.

« Les souris ? De quelles souris veux-tu parler ? Grâce au ciel, il n'y en a plus dans cette maison. »

Le grand-père et la grand-mère surenchérissent.

« Souris fabuleuses[2] ! Imaginaires ! Tu as rêvé, mon pauvre petit !

– Pourtant, dis-je, je vous assure que c'était une vraie révolution, et je n'exagère pas. Le plafond en tremblait par moments ! »

Giovanni est devenu tout pensif.

« Tu sais ce que cela pourrait être ? Je ne t'en ai jamais parlé, parce que ces choses impressionnent parfois, mais nous avons des esprits dans cette maison. Je les entends souvent moi aussi… Et certaines nuits ils ont vraiment le diable au corps ! »

Je me mets à rire.

« Non mais, tu me prends pour un loupiot[3] ! Je t'en fiche[4] des esprits ! C'étaient des souris, je te le garantis, de grosses souris,

---

1. ***Sarabandes*** : ici, bruyants désordres.
2. ***Fabuleuses*** : ici, sans existence réelle ; nées de l'imagination.
3. ***Loupiot*** : enfant (terme familier).
4. L'expression s'emploie accompagnée de la reprise des paroles de l'interlocuteur, pour manifester son désaccord avec ses propos.

des mulots, des rats… Et, à propos, qu'est-il arrivé à tes fameux chats, on ne les voit plus ?

– On les a laissés partir, si tu veux le savoir… Mais, ma parole, tu es complètement obnubilé avec tes rats ! Tu ne sais parler de rien d'autre !… Après tout cette maison est une maison de campagne, on ne peut tout de même pas prétendre… »

Je le dévisage, éberlué : pourquoi se met-il dans une telle colère ? Lui, d'habitude tellement calme, gentil.

Plus tard c'est encore Giorgio, le fils aîné, qui me fait le point de la situation.

« N'écoute pas papa, me dit-il. Tu as bel et bien entendu des rats, parfois nous n'arrivons pas à nous endormir, nous non plus. Si tu les voyais, ce sont des monstres, oui : noirs comme du charbon, les poils aussi drus que des branches… Et si tu veux le savoir, les chats : eh bien, ce sont eux qui les ont fait disparaître… C'est arrivé pendant la nuit. On dormait depuis un bon bout de temps quand, soudain, des miaulements épouvantables nous ont réveillés. Il y avait un vrai sabbat[1] dans le salon ! On a tous sauté du lit, mais on n'a plus trouvé nos chats… Rien que des touffes de poils… des traces de sang un peu partout.

– Vous ne faites donc rien ? Les souricières ? Le poison ? Je ne comprends pas que ton père ne s'occupe pas de…

– Si ! C'est même devenu son cauchemar. Mais il a peur maintenant, lui aussi. Il prétend qu'il vaut mieux ne pas les provoquer, que ce serait pis encore. Il dit que cela ne servirait à rien d'ailleurs, qu'ils sont trop nombreux désormais… Il dit que la seule chose à faire serait de mettre le feu à la baraque… Et puis, et puis tu sais ce qu'il dit ? C'est peut-être idiot, mais il dit qu'il vaut mieux ne pas se mettre trop ouvertement contre eux…

– Contre qui ?

---

1. ***Un vrai sabbat*** : un vrai vacarme (le sabbat désigne une assemblée nocturne et bruyante de sorciers et de sorcières).

– Contre eux, les rats. Il dit qu'un jour ou l'autre, quand ils seront encore plus nombreux, ils pourraient bien se venger… Je me demande, des fois, si papa n'est pas en train de devenir un peu fou. Est-ce que tu penses qu'un soir je l'ai surpris en train de jeter une grosse saucisse dans la cave ? Un amuse-gueule pour les chères petites bêtes ! Il les déteste mais il les craint. Et il ne veut pas les contrarier. »

Cela dura des années. Jusqu'à l'été dernier où j'attendis en vain que la sarabande habituelle se déchaînât au-dessus de ma tête. Le silence, enfin. Une grande paix. Rien que la voix des grillons dans le jardin.

Le lendemain matin, je rencontrai Giorgio dans l'escalier.

« Mes compliments, lui dis-je. Et comment êtes-vous parvenus à vous en débarrasser ? Cette nuit, il n'y avait pas le moindre souriceau dans tout le grenier. »

Giorgio me regarde, avec un sourire incertain. Puis :

« Viens donc, viens donc, fait-il. Viens donc voir un peu… »

Il me conduit dans la cave, près d'une trappe recouverte d'une grosse planche.

« Ils sont là-dessous maintenant, murmure-t-il. Depuis plusieurs mois, ils se sont tous réunis là, dans l'égout. Très peu se promènent dans la maison. Ils sont là, écoute… »

Il se tait. Et un bruit difficilement racontable me parvient : foisonnement, tapage sourd, bourdonnement d'une matière en ébullition, en fermentation ; et des voix aussi, de petits cris aigus, des sifflements, des murmures.

« Combien sont-ils donc ? demandai-je avec un frisson.

– Qui peut savoir ? Peut-être des millions… Regarde maintenant. Mais fais vite. »

Il gratte une allumette, soulève la planche, jette l'allumette dans le trou. Je vois tout, en un éclair : dans une sorte de caverne, un grouillement forcené de formes noires se chevauchant frénétiquement. Et dans cet abominable tumulte une puissance, une vitalité infernale, que nul n'aurait pu stopper. Les rats ! J'aperçois aussi des yeux, des milliers et des milliers de regards, tournés vers le haut, me fixant méchamment. Mais Giorgio referme en hâte le couvercle.

Et maintenant ? Pourquoi Giovanni m'a-t-il écrit qu'il ne pouvait plus m'inviter ? Qu'est-il arrivé ? Je sens l'envie me prendre de faire une visite là-bas, quelques minutes à peine suffiraient, pour savoir, rien de plus. Mais, je l'avoue, je n'en ai pas le courage. De plusieurs côtés, on me raconte des choses étranges. Étranges à un tel point que ceux qui les rapportent en rient comme de fables. Moi, je ne ris pas.

On raconte par exemple que le grand-père et la grand-mère Corio sont morts. On raconte que plus personne ne sort de la maison, et que c'est un homme du village qui apporte les vivres, mais qu'il laisse son paquet à la limite du bois. On raconte que personne ne peut plus entrer dans la maison ; que des rats énormes l'occupent : et que la famille Corio est leur esclave désormais.

Un paysan qui s'est approché – mais pas trop, parce qu'une douzaine de ces sales bêtes s'étaient installées sur le seuil de la maison dans une attitude menaçante – prétend avoir entrevu Mme Elena Corio, la femme de mon ami, cette douce, cette aimable personne. Elle se trouvait à la cuisine, près du feu, vêtue comme une serve[1]. Elle s'affairait près d'un immense chaudron, tandis que des grappes entières de rats la harcelaient, avides de manger. Elle semblait très lasse, abattue. En apercevant l'homme, elle lui fit des mains un geste désolé, semblant vouloir dire : « Ne vous frappez pas[2], c'est trop tard. L'espoir pour nous est mort désormais. »

1. ***Serve*** : féminin de « serf », personne dépendant d'un maître, qui n'a pas de liberté personnelle complète.
2. ***Ne vous frappez pas*** : ne vous inquiétez pas (expression familière).

■ Michel Tournier, *Le Médianoche amoureux* (1989)

Né en 1924, Michel Tournier reçoit le grand prix de l'Académie française en 1967 pour *Vendredi ou les Limbes du Pacifique,* et le prix Goncourt en 1970 pour *Le Roi des aulnes.*

Dans le recueil *Le Médianoche amoureux*, paru en 1989, un couple a décidé de réunir ses amis, autour d'un médianoche[1], afin de leur annoncer sa séparation. Pour faire vivre son amour, le couple n'a pas su trouver de langage commun ni d'histoires communes. Inspiré dans sa forme du *Décaméron* de l'auteur italien Boccace (1313-1375), le livre se présente comme une suite de récits faits par les invités, qui retardent puis empêchent l'annonce initialement prévue : en effet, les histoires conduisent les deux « amants taciturnes » à s'interroger sur eux-mêmes et sur le bien-fondé de leur décision.

Ce recueil illustre un aspect majeur de l'œuvre de Michel Tournier : selon lui, l'homme est « un animal mythologique », c'est-à-dire qu'il est nécessairement et essentiellement nourri d'histoires, de récits, par l'intermédiaire desquels il se représente, se questionne, entrevoit ses contradictions et sa condition.

Apologue dans un apologue, « La Légende de la peinture » amène le lecteur à s'interroger sur le rapport entre une création artistique et sa diffusion. La création des œuvres est-elle plus importante que leur diffusion ? Qu'est-ce qui fait qu'une œuvre rencontre et touche son public ?

La Légende de la peinture

Pierre et moi, nous sommes nés la même année, dans le même village. Nous avons appris à lire et à écrire dans la même école. Mais c'est là que nos destins ont commencé à diverger. Alors que Pierre excellait en mathématiques, se passionnait pour la chimie et remportait tous les prix en physique, pour moi seules comptaient la littérature, la poésie et plus tard la philosophie. Dès l'âge de vingt ans, Pierre s'expatriait. Moi je restais au village

1. ***Médianoche*** : repas pris peu après minuit (terme vieilli).

dans la maison séculaire de mes ancêtres. Je ne voyais plus mon ami d'enfance, mais j'en avais des nouvelles par ses parents, demeurés mes voisins. Il était aux U.S.A. Il avait fait des études d'électricité, d'électronique et d'informatique. Il avait, disait-on, un poste important dans une firme d'ordinateurs.

Je le sentais s'éloigner de moi à mesure qu'il progressait, selon sa vocation. J'écrivais des récits et des légendes qui s'abreuvaient aux sources de la tradition populaire. Il me semblait que seule la proximité des bois et des labours de mon enfance pourrait nourrir mon inspiration de conteur. Plus mon art s'enrichissait, plus je m'enracinais dans ma terre natale.

Un jour, brusquement, Pierre reparut. Il sonna à ma porte et se jeta dans mes bras. Il avait à peine changé. Malgré la distance, il avait suivi mes travaux. Pas un de mes livres qu'il n'eût lu et relu. Et il m'apportait une proposition fantastique. Sa firme venait de mettre au point un système de codage international. N'importe quel programme pouvait être enregistré sous un volume infime, et devenait accessible à une multitude de décodages en langues diverses. Il me proposait de devenir le premier écrivain au monde qui profiterait de ce système. Si j'en étais d'accord, toute mon œuvre serait mise sur ordinateur, et déchiffrée ensuite dans les cent trente pays actuellement pourvus d'un terminal approprié. Mes livres connaîtraient ainsi une prodigieuse diffusion, comparable à celle de la Bible et du Coran. Le projet de Pierre m'enthousiasma.

«Je suis un homme de communication, me dit-il. Tu es un homme de création. La communication ne se justifie que par le message qu'elle véhicule. Sans toi, je ne serais rien.

– Ne sois pas trop modeste, lui dis-je à mon tour. La création ne peut se passer de rayonnement. Je n'aspire ni à la gloire, ni à la fortune. Mais j'ai besoin d'être lu. Qu'est-ce qu'un musicien qui n'est pas joué, un auteur dramatique sans théâtre ? La communication ajoute à la création une vie innombrable et imprévisible sans laquelle elle n'est qu'un objet inerte.»

Et comme je ne m'exprime bien qu'en conteur, je lui contai une parabole du sage derviche[1] Algazel[2], plus justement appelé Rhazali ou Ghazali, un peu arrangée à ma manière, comme il est loisible de le faire dans la tradition orale.

Il était une fois un calife[3] de Bagdad qui voulait faire décorer les deux murs de la salle d'honneur de son palais. Il fit venir deux artistes, l'un d'Orient, l'autre d'Occident. Le premier était un célèbre peintre chinois qui n'avait jamais quitté sa province. Le second, grec, avait visité toutes les nations, et parlait apparemment toutes les langues. Ce n'était pas qu'un peintre. Il était également versé dans l'astronomie, la physique, la chimie, l'architecture. Le calife leur expliqua son propos et confia à chacun l'un des murs de la salle d'honneur.

« Quand vous aurez terminé, dit-il, la cour se réunira en grande pompe. Elle examinera et comparera vos œuvres, et celle qui sera jugée la plus belle vaudra à son auteur une immense récompense. »

Puis, se tournant vers le Grec, il lui demanda combien de temps il lui faudrait pour achever sa fresque. Et mystérieusement le Grec répondit : « Quand mon confrère chinois aura terminé, j'aurai terminé. » Alors le calife interrogea le Chinois, lequel demanda un délai de trois mois.

« Bien, dit le calife. Je vais faire diviser la pièce en deux par un rideau afin que vous ne vous gêniez pas, et nous nous reverrons dans trois mois. »

Les trois mois passèrent, et le calife convoqua les deux peintres. Se tournant vers le Grec, il lui demanda : « As-tu terminé ? » Et mystérieusement le Grec lui répondit : « Si mon confrère chinois a terminé, j'ai terminé. » Alors le calife interrogea à son tour le Chinois qui répondit : « J'ai terminé. »

---

1. ***Derviche*** : religieux musulman, faisant partie d'une confrérie et vivant souvent dans un monastère.
2. ***Algazel*** (1058-1111) : penseur et religieux musulman mystique.
3. ***Calife*** : souverain musulman.

La cour se réunit le surlendemain et se dirigea en grand arroi[1] vers la salle d'honneur afin de juger et comparer les deux œuvres. C'était un cortège magnifique où l'on ne voyait que robes brodées, panaches de plumes, bijoux d'or, armes ciselées. Tout le monde se rassembla d'abord du côté du mur peint par le Chinois. Ce ne fut alors qu'un cri d'admiration. La fresque figurait en effet un jardin de rêve planté d'arbres en fleurs avec des petits lacs en forme de haricot qu'enjambaient de gracieuses passerelles. Une vision paradisiaque dont on ne se lassait pas de s'emplir les yeux. Si grand était l'enchantement que d'aucuns voulaient qu'on déclarât le Chinois vainqueur du concours, sans même jeter un coup d'œil à l'œuvre du Grec.

Mais bientôt le calife fit tirer le rideau qui séparait la pièce en deux, et la foule se retourna. La foule se retourna et laissa échapper une exclamation de stupeur émerveillée.

Qu'avait donc fait le Grec ? Il n'avait rien peint du tout. Il s'était contenté d'établir un vaste miroir qui partait du sol et montait jusqu'au plafond. Et bien entendu ce miroir reflétait le jardin du Chinois dans ses moindres détails. Mais alors, direz-vous, en quoi cette image était-elle plus belle et plus émouvante que son modèle ? C'est que le jardin du Chinois était désert et vide d'habitants, alors que, dans le jardin du Grec, on voyait une foule magnifique avec des robes brodées, des panaches de plumes, des bijoux d'or et des armes ciselées. Et tous ces gens bougeaient, gesticulaient et se reconnaissaient avec ravissement.

À l'unanimité, le Grec fut déclaré vainqueur du concours.

Le Médianoche amoureux, © Gallimard, 1989.

---

1. ***En grand arroi*** : en grand appareil, c'est-à-dire ayant tout préparé pour la solennité et la splendeur de l'événement (expression vieillie depuis le XVIIe siècle).

DOSSIER

- Comment lire un apologue ?
- Parcours de lecture
- Étudier un document iconographique à valeur de fable
- Récrire des fables
- Écrire des apologues
- Sujets de réflexion

Comment lire un apologue ?

À première vue, un tel titre peut surprendre, car on pense souvent que tous les textes se lisent de la même manière. Pourtant, les récits à valeur d'apologue mettent en place une approche particulière, liée à leur nature. Cette approche sera éclairée et justifiée ici à travers trois exemples : « Le Pouvoir des Fables » de Jean de La Fontaine ; un extrait de *La Peste* d'Albert Camus et l'apologue des Portes de la Loi de Kafka, présent dans l'anthologie (p. 87).

Jean de La Fontaine, *Fables* (1678)

Inspirée d'un texte du fabuliste grec Ésope, la quatrième fable du livre VIII des *Fables* de La Fontaine prend pour sujet le genre dans lequel l'auteur exerce son art, afin d'en montrer les intérêts et les caractéristiques. Elle est dédicacée à Paul de Barillon d'Amoncourt, envoyé en 1667 par Louis XIV comme ambassadeur en Angleterre afin de convaincre le roi Charles II de ne pas se joindre à la triple alliance (l'Espagne, l'Autriche et la Hollande) contre la France.

Le Pouvoir des Fables

À M. de Barillon.

La qualité d'Ambassadeur
Peut-elle s'abaisser à des contes vulgaires ?
Vous puis-je offrir mes vers et leurs grâces légères ?
S'ils osent quelquefois prendre un air de grandeur,
Seront-ils point traités par vous de téméraires ?
Vous avez bien d'autres affaires
À démêler que les débats
Du Lapin et de la Belette[1].

---

1. ***Du Lapin et de la Belette*** : référence à la fable « Le Chat, la Belette et le petit Lapin » (VII, 16).

Lisez-les, ne les lisez pas ;
Mais empêchez qu'on ne nous mette
Toute l'Europe sur les bras.
Que de mille endroits de la terre
Il nous vienne des ennemis,
J'y consens ; mais que l'Angleterre
Veuille que nos deux Rois se lassent d'être amis,
J'ai peine à digérer la chose.
N'est-il point encor[1] temps que Louis se repose ?
Quel autre Hercule enfin ne se trouverait las
De combattre cette Hydre[2] ? et faut-il qu'elle oppose
Une nouvelle tête aux efforts de son bras ?
Si votre esprit plein de souplesse,
Par éloquence et par adresse,
Peut adoucir les cœurs et détourner ce coup,
Je vous sacrifierai cent moutons ; c'est beaucoup
Pour un habitant du Parnasse[3].
Cependant faites-moi la grâce
De prendre en don ce peu d'encens.
Prenez en gré[4] mes vœux ardents,
Et le récit en vers qu'ici je vous dédie.
Son sujet vous convient ; je n'en dirai pas plus :
Sur les Éloges que l'Envie
Doit avouer qui vous sont dus,
Vous ne voulez pas qu'on appuie.

---

1. Élision du *e* final pour des raisons de versification.
2. ***Hydre*** : allusion à l'un des travaux imposés à Hercule, héros de la mythologie, et qui consistait à tuer l'hydre de Lerne, serpent à sept têtes, lesquelles repoussaient à mesure qu'on les tranchait. Cette image désigne la lutte de Louis XIV contre la triple alliance constituée par l'Espagne, l'Autriche et la Hollande.
3. ***Habitant du Parnasse*** : périphrase pour désigner le poète ; dans l'Antiquité, le mont Parnasse était la résidence des Muses, au nombre desquelles la Poésie.
4. ***Prenez en gré*** : acceptez.

Dans Athène[1] autrefois peuple vain et léger,
Un Orateur[2] voyant sa patrie en danger,
Courut à la Tribune ; et d'un art tyrannique,
Voulant forcer les cœurs dans une république,
Il parla fortement sur le commun salut[3].
On ne l'écoutait pas : l'Orateur recourut
À ces figures violentes
Qui savent exciter les âmes les plus lentes.
Il fit parler les morts, tonna, dit ce qu'il put.
Le vent emporta tout ; personne ne s'émut.
L'animal aux têtes frivoles,
Étant fait à ces traits, ne daignait l'écouter.
Tous regardaient ailleurs : il en vit s'arrêter
À des combats d'enfants, et point à ses paroles.
Que fit le harangueur[4] ? Il prit un autre tour.
« Cérès[5], commença-t-il, faisait voyage un jour
Avec l'Anguille et l'Hirondelle :
Un fleuve les arrête ; et l'Anguille en nageant,
Comme l'Hirondelle en volant,
Le traversa bientôt. » L'assemblée à l'instant
Cria tout d'une voix : « Et Cérès, que fit-elle ?
– Ce qu'elle fit ? un prompt courroux[6]
L'anima d'abord contre vous.
Quoi ? de contes d'enfants son peuple s'embarrasse !
Et du péril qui le menace
Lui seul entre les Grecs il néglige l'effet !

1. L'élision du *s* final correspond à une licence poétique.

2. L'orateur est Démosthène (384-322 av. J.-C.) ; par ses discours, il chercha à dénoncer les ambitions de conquête de Philippe II de Macédoine menaçant Athènes et son régime démocratique.

3. ***Commun salut*** : sauvegarde de la cité tout entière.

4. ***Harangueur*** : orateur qui prononce devant la foule une harangue – un discours grave, solennel.

5. ***Cérès*** : déesse romaine des moissons (nommée Déméter dans la mythologie grecque).

6. ***Courroux*** : colère vive.

Que ne demandez-vous ce que Philippe[1] fait ? »
À ce reproche l'assemblée,
Par l'Apologue réveillée,
Se donne entière à l'Orateur :
Un trait de Fable en eut l'honneur.

Nous sommes tous d'Athène en ce point ; et moi-même,
Au moment que je fais cette moralité,
Si *Peau d'Âne*[2] m'était conté,
J'y prendrais un plaisir extrême,
Le monde est vieux, dit-on : je le crois ; cependant
Il le faut amuser encor comme un enfant.

Le texte de La Fontaine permet de mettre au jour les caractéristiques majeures de l'apologue, qui vont déterminer le rôle du lecteur et sa manière de lire ces récits :

– la légèreté de l'apologue va de pair avec la recherche d'un « pouvoir » argumentatif. La Fontaine, auteur classique, reprend bien entendu à son compte l'idéal du *miscere utile dulci* formulé par le poète latin Horace (65-8 av. J.-C.). Il s'agit de « mêler l'utile au doux », c'est-à-dire l'attrait d'une histoire anecdotique et narrée avec légèreté à une efficacité argumentative. L'apologue cherche d'abord à susciter l'intérêt de son auditoire et, pour y parvenir, tous les moyens de la persuasion sont bons : recours à l'humour, adresse au lecteur, création d'un effet d'attente ou de surprise, provocation destinée à faire réagir le destinataire, etc. L'apologue se veut spirituel et capable de retenir l'intérêt par l'anecdote qu'il raconte ;

– si l'apologue souhaite plaire à son lecteur, c'est pour lui faire tenir un rôle spécifique. L'apologue interroge le lecteur ou l'auditeur sur sa posture morale face à une situation particulière. Dans la fable de La Fontaine, l'Orateur grec s'indigne de l'insouciance et de la passi-

1. Philippe II de Macédoine (voir note 2, p. 117).
2. Référence au conte de nourrice *Peau d'Âne*.

vité du peuple athénien face au péril qui menace la cité. L'utilité visée par l'apologue est donc de nature morale. La fable propose un récit dans lequel s'opposent différentes valeurs afin d'inciter le lecteur à entrer dans un débat intérieur par effet d'identification à la situation évoquée ;

– le récit porte à lui seul, de façon implicite, la valeur morale qu'il promeut et celle qu'il condamne par la même occasion ; l'Orateur n'a pas à expliciter la valeur symbolique de l'histoire de Cérès pour qu'elle soit perçue : les Athéniens font eux aussi face à une situation dangereuse (symbolisée par le fleuve qui constitue un obstacle pour Cérès) et doivent adopter une posture morale – se laisser arrêter par la difficulté ou tenter d'affronter cette dernière pour la vaincre. Nous sommes là au cœur du travail du lecteur parcourant un apologue : percevoir la nature symbolique et donc implicite du récit. Le lecteur doit s'efforcer d'être *intelligent* face à de telles histoires, c'est-à-dire se montrer capable de *lire entre* les lignes, selon l'étymologie du mot[1], pour percevoir l'enjeu précis du débat moral contenu dans la trame narrative.

Albert Camus, *La Peste* (1947)

La Peste paraît au lendemain de la Seconde Guerre mondiale, à un moment où le monde, éprouvé par une violence folle, paraît absurde. Pourtant, le roman d'Albert Camus (1913-1960), qui constitue un long apologue, est une œuvre profondément humaniste. En témoigne ce que dit le personnage de Rieux, porte-parole de l'auteur : « il y a dans les hommes plus de choses à admirer que de choses à mépriser ».

1. Le mot « intelligent » est issu du latin *intelligentia*, lui-même dérivé de *intellegere* ou *intelligere*, formé de *inter*, « entre », et *legere*, « cueillir, rassembler », « lire ».

Camus imagine que la peste frappe la ville algérienne d'Oran dans les années 1940. Le symbole est clair : la peste renvoie à toute forme de danger majeur pour l'humanité (on songe, dans le domaine politique, à la « peste brune », qui désigne le nazisme) ; cette épreuve révèle à chacun son propre visage, entre égoïsme, lâcheté et solidarité.
Dans le passage qui suit, le père Paneloux prêche devant des Oranais pleins d'angoisse pour leur imposer sa vision des faits : Dieu leur a envoyé la peste pour les punir de leurs péchés. Son discours s'appuie sur son commentaire de passages de l'Ancien Testament notamment, où intervient un Dieu qui punit l'homme en lui infligeant de terribles fléaux.

La cathédrale de notre ville, en tout cas, fut à peu près remplie par les fidèles pendant toute la semaine. Les premiers jours, beaucoup d'habitants restaient encore dans les jardins de palmiers et de grenadiers[1] qui s'étendent devant le porche, pour écouter la marée d'invocations[2] et de prières qui refluaient jusque dans les rues. Peu à peu, l'exemple aidant, les mêmes auditeurs se décidèrent à entrer et à mêler une voix timide aux répons[3] de l'assistance. Et le dimanche, un peuple considérable envahit la nef[4], débordant jusque sur le parvis et les derniers escaliers. Depuis la veille, le ciel s'était assombri, la pluie tombait à verse. Ceux qui se tenaient dehors avaient ouvert leurs parapluies. Une odeur d'encens et d'étoffes mouillées flottait dans la cathédrale quand le père Paneloux monta en chaire[5].

Il était de taille moyenne, mais trapu. Quand il s'appuya sur le rebord de la chaire, serrant le bois entre ses grosses mains, on ne vit de lui qu'une forme épaisse et noire surmontée des deux taches de ses joues, rubicondes[6] sous les lunettes d'acier. Il avait une voix forte,

1. ***Grenadiers*** : arbrisseaux à fleurs rouges, qui produisent les grenades.
2. ***Invocations*** : prières adressées à Dieu pour lui demander secours.
3. ***Répons*** : refrains, repris par le chœur, dans un chant religieux.
4. ***Nef*** : partie centrale d'une église, où se tiennent les fidèles.
5. ***Chaire*** : tribune élevée d'où le prêtre s'adresse aux fidèles.
6. ***Rubicondes*** : très rouges.

passionnée, qui portait loin, et lorsqu'il attaqua l'assistance d'une seule phrase véhémente[1] et martelée : «Mes frères, vous êtes dans le malheur, mes frères, vous l'avez mérité», un remous parcourut l'assistance jusqu'au parvis.

Logiquement, ce qui suivit ne semblait pas se raccorder à cet exorde[2] pathétique[3]. Ce fut la suite du discours qui fit seulement comprendre à nos concitoyens que, par un procédé oratoire habile, le père avait donné en une seule fois, comme on assène un coup, le thème de son prêche[4] entier. Paneloux, tout de suite après cette phrase, en effet, cita le texte de l'Exode[5] relatif à la peste en Égypte et dit : «La première fois que ce fléau[6] apparaît dans l'histoire, c'est pour frapper les ennemis de Dieu. Pharaon s'oppose aux desseins[7] éternels et la peste le fait alors tomber à genoux. Depuis le début de toute l'histoire, le fléau de Dieu met à ses pieds les orgueilleux et les aveugles. Méditez cela et tombez à genoux.»

La pluie redoublait au-dehors et cette dernière phrase, prononcée au milieu d'un silence absolu, rendu plus profond encore par le crépitement de l'averse sur les vitraux, retentit avec un tel accent que quelques auditeurs, après une seconde d'hésitation, se laissèrent glisser de leur chaise sur le prie-Dieu[8]. D'autres crurent qu'il fallait suivre leur exemple si bien que, de proche en proche, sans un autre bruit que le craquement de quelques chaises, tout l'auditoire se trouva bientôt à genoux. Paneloux se redressa alors, respira profondément et

---

1. ***Véhémente*** : traduisant des sentiments de grande intensité.
2. ***Exorde*** : début d'un discours.
3. ***Pathétique*** : visant à émouvoir l'auditoire.
4. ***Prêche*** : sermon prononcé par un prêtre.
5. ***Exode*** : un des livres de la Bible racontant la sortie d'Égypte des Hébreux sous la conduite de Moïse.
6. ***Fléau*** : grand malheur qui frappe une communauté humaine ; dans un contexte religieux, le terme désigne la manifestation de la colère divine venant punir les hommes.
7. ***Desseins*** : projets.
8. ***Prie-Dieu*** : meuble en bois fait d'une partie basse horizontale et surmonté d'un accoudoir, sur lequel on s'agenouille pour prier.

reprit sur un ton de plus en plus accentué : « Si, aujourd'hui, la peste vous regarde, c'est que le moment de réfléchir est venu. Les justes ne peuvent craindre cela, mais les méchants ont raison de trembler. Dans l'immense grange de l'univers, le fléau[1] implacable battra le blé humain jusqu'à ce que la paille soit séparée du grain. Il y aura plus de paille que de grain, plus d'appelés que d'élus, et ce malheur n'a pas été voulu par Dieu. Trop longtemps, ce monde a composé avec le mal, trop longtemps, il s'est reposé sur la miséricorde divine[2]. Il suffisait du repentir[3], tout était permis. Et pour le repentir, chacun se sentait fort. Le moment venu, on l'éprouverait assurément. D'ici là, le plus facile était de se laisser aller, la miséricorde divine ferait le reste. Eh bien, cela ne pouvait durer. Dieu qui, pendant si longtemps, a penché sur les hommes de cette ville son visage de pitié, lassé d'attendre, déçu dans son éternel espoir, vient de détourner son regard. Privés de la lumière de Dieu, nous voici pour longtemps dans les ténèbres de la peste ! »

Dans la salle quelqu'un s'ébroua, comme un cheval impatient. Après une courte pause, le père reprit, sur un ton plus bas : « On lit dans la *Légende dorée*[4] qu'au temps du roi Humbert, en Lombardie, l'Italie fut ravagée d'une peste si violente qu'à peine les vivants suffisaient-ils à enterrer les morts et cette peste sévissait surtout à Rome et à Pavie. Et un bon ange apparut visiblement, qui donnait des ordres au mauvais ange qui portait un épieu de chasse et il lui ordonnait de frapper les maisons ; et autant de fois qu'une maison recevait de coups, autant y avait-il de morts qui en sortaient. »

---

1. ***Fléau*** : ici, il s'agit de l'instrument en bois articulé servant à battre le blé pour faire sortir les grains de leur enveloppe.
2. ***Miséricorde divine*** : bonté par laquelle Dieu pardonne leurs fautes aux hommes.
3. ***Repentir*** : regret profond et sincère de ses péchés et de ses fautes.
4. La ***Légende dorée*** est un ouvrage de Jacques de Voragine, rédigé entre 1261 et 1266, racontant la vie de saints et de martyrs chrétiens ainsi que quelques épisodes de la vie du Christ et de la Vierge, suivant le calendrier liturgique.

Paneloux tendit ici ses deux bras courts dans la direction du parvis, comme s'il montrait quelque chose derrière le rideau mouvant de la pluie : «Mes frères, dit-il avec force, c'est la même chasse mortelle qui court aujourd'hui dans nos rues. Voyez-le, cet ange de la peste, beau comme Lucifer[1] et brillant comme le mal lui-même, dressé au-dessus de vos toits, la main droite portant l'épieu rouge à hauteur de sa tête, la main gauche désignant l'une de vos maisons. À l'instant, peut-être, son doigt se tend vers votre porte, l'épieu résonne sur le bois ; à l'instant encore, la peste entre chez vous, s'assied dans votre chambre et attend votre retour. Elle est là, patiente et attentive, assurée comme l'ordre même du monde. Cette main qu'elle vous tendra, nulle puissance terrestre et pas même, sachez-le bien, la vaine science humaine, ne peut faire que vous l'évitiez. Et battus sur l'aire[2] sanglante de la douleur, vous serez rejetés avec la paille.»

Ici, le père reprit avec plus d'ampleur encore l'image pathétique du fléau. Il évoqua l'immense pièce de bois tournoyant au-dessus de la ville, frappant au hasard et se relevant ensanglantée, éparpillant enfin le sang et la douleur humaine «pour des semailles[3] qui prépareraient les moissons de la vérité».

Au bout de sa longue période[4], le père Paneloux s'arrêta, les cheveux sur le front, le corps agité d'un tremblement que ses mains communiquaient à la chaire et reprit, plus sourdement, mais sur un ton accusateur : «Oui, l'heure est venue de réfléchir. Vous avez cru qu'il vous suffirait de visiter Dieu le dimanche pour être libres de vos journées. Vous avez pensé que quelques génuflexions[5] le paieraient bien assez de votre insouciance criminelle. Mais Dieu n'est pas tiède[6]. Ces rapports espacés ne suffisaient pas à sa dévorante tendresse. Il

1. ***Lucifer*** : le Diable.
2. ***Aire*** : surface plane sur laquelle on bat le blé (terme vieilli).
3. ***Semailles*** : action de semer.
4. ***Période*** : phrase longue et complexe visant une organisation harmonieuse de ses propositions.
5. ***Génuflexions*** : actions consistant à fléchir les genoux en signe de respect pour Dieu.
6. ***Dieu n'est pas tiède*** : Dieu n'accepte pas un amour moyen et mesuré.

voulait vous voir plus longtemps, c'est sa manière de vous aimer et, à vrai dire, c'est la seule manière d'aimer. Voilà pourquoi, fatigué d'attendre votre venue, il a laissé le fléau vous visiter comme il a visité toutes les villes du péché depuis que les hommes ont une histoire. Vous savez maintenant ce qu'est le péché, comme l'ont su Caïn et ses fils, ceux d'avant le déluge, ceux de Sodome et de Gomorrhe, Pharaon et Job et aussi tous les maudits[1]. Et comme tous ceux-là l'ont fait, c'est un regard neuf que vous portez sur les êtres et sur les choses, depuis le jour où cette ville a refermé ses murs autour de vous et du fléau. Vous savez maintenant, et enfin, qu'il faut venir à l'essentiel. »

La Peste, © Gallimard, 1947.

Le père Paneloux interprétant les épisodes bibliques dans son sermon offre-t-il une mise en abyme de la figure du lecteur d'apologue ? On aurait tort de le penser. L'interprétation qu'il fait du texte religieux est univoque et constante. Au contraire, l'apologue met en scène un débat, s'apparente à une interrogation plus qu'à l'affirmation répétée d'une vérité morale. La lecture religieuse de la « peste » par le père Paneloux s'impose à l'auditoire, ainsi privé de réflexion individuelle et autonome. Les fragments de récit que Paneloux interprète ne sont pas des apologues : ils relèvent du mythe, comme très souvent les textes religieux. Les mythes sont des textes simples mais fondamentaux qui permettent de s'interroger sur la condition humaine. Deux points majeurs distinguent l'apologue et le mythe :

– contrairement au mythe, sans cesse interrogé et interprété au fil des siècles, l'apologue, une fois lu et compris, a dévoilé son sens implicite et unique ;

– alors qu'on devine le sens moral de l'apologue dans l'implicite et la symbolique du récit, on attribue un sens sans cesse renouvelé ou neuf au mythe.

Néanmoins, dans cet extrait, Paneloux fige l'interprétation du mythe pour servir sa démonstration.

1. ***Les maudits*** : les personnages et les villes cités précédemment ont subi la colère divine.

Franz Kafka, l'apologue des Portes de la Loi (1912)

Dans l'extrait du *Procès* (p. 87), le personnage de K. tient le rôle du lecteur ou de l'auditeur d'un apologue. Avec une grande virtuosité, Kafka fait de cet extrait un mode d'emploi universel de tout récit à valeur d'apologue.

Peu après le passage retenu dans cette anthologie, le prêtre évoque, dans un aveu qui semble paradoxal, l'inutilité de la « glose[1] » et les difficultés, parfois désespérantes, de ceux qui cherchent à interpréter les apologues. Pourtant, Kafka ne trompe pas son lecteur; il lui indique au contraire la marche à suivre pour appréhender son texte. La « glose » peut consister à s'éloigner trop vite du sens littéral du récit pour se perdre dans des interprétations sans fin. Il faut au contraire, dit Kafka, revenir précisément à ce que dit l'apologue pour en percevoir l'exacte portée.

K. commente le récit du prêtre en concluant que le gardien a cherché à tromper l'homme de la campagne; le prêtre, sans le rassurer pour autant, le détrompe : « Je t'ai raconté cette histoire dans les termes mêmes du texte. Rien n'y parle de tromperie. » Lire un apologue demande d'être attentif aux « termes mêmes du texte » si l'on veut éviter une interprétation réductrice, voire fautive.

Fort du conseil du romancier lui-même, on peut dégager quelques pistes pour entrer dans le sens de l'apologue des Portes de la Loi :

– « l'homme de la campagne » n'est pas décrit dans le texte comme un coupable ou un individu fautif : il se présente librement devant les portes de la Loi ; on ne peut donc réduire la Loi à l'expression étatique de l'oppression ou, *a fortiori*, de la privation des libertés ;

– la première erreur, fondamentale, de l'homme consiste à « solliciteſr] l'accès à la Loi » alors que l'accès à la Loi est pour lui un droit. Par sa requête même, il renonce à exercer ce droit à connaître la Loi qui régit le monde qui l'entoure. Une fois énoncé ce renoncement, la seule réponse possible du gardien est que l'homme ne peut

1. *Glose* : commentaire effectué sur un texte de façon à en interpréter le sens (terme vieilli).

accéder au sens de la Loi « maintenant », car il s'en refuse lui-même l'accès ;

– avec la même ironie tragique, le gardien dit la vérité en affirmant qu'il sera « possible » d'accéder à la Loi, dès que son interlocuteur cessera de renoncer à son droit. La figure du gardien est bien celle qui guide l'homme plutôt que celle qui interdit. Il apparaît même comme celui qui a gardé ouvertes les portes de la Loi uniquement pour l'homme : il n'aura cessé d'être à son service sans que le personnage s'en rende compte ;

– tant que l'homme n'exerce pas son droit de connaître la Loi, celle-ci lui demeure inaccessible et le sens du monde lui demeure opaque ;

– on peut tenter une explication globale du sens moral de l'apologue : la liberté des hommes se meurt puis disparaît quand ils se refusent à l'exercer en faisant valoir leurs droits. Le texte de Kafka, à l'ironie dévastatrice, dit plus loin que « l'homme libre est supérieur à l'homme lié » : tel était le cas de « l'homme de la campagne » avant qu'il abandonne sa liberté. En définitive, le texte invite à ne pas se soumettre à la fatalité du renoncement. Le philosophe Jacques Derrida, dans une conférence de 1982, a évoqué à propos de cet apologue « une auto-interdiction d'entrer dans la Loi[1] ». Selon Kafka, la fatalité majeure qui menace l'individu dans une société moderne et libre est le renoncement à affirmer sans cesse sa liberté.

1. Conférence intitulée « Préjugés », publiée dans *La Faculté de juger* (collectif), Minuit, 1986.

Parcours de lecture

Relisez les textes du recueil concernés par ces parcours de lecture avant de répondre aux questions et de rédiger les travaux d'écriture.

Samivel, « De l'éducation des crabes », p. 30

Questions sur le texte

1. Le texte de Samivel offre une récriture de la fable d'Ésope. De quel type de récriture s'agit-il ? Est-ce une parodie, une transposition ou un pastiche ?

2. Dans la fable de Samivel, quels sont les éléments comiques ? Plus précisément, où se situe l'ironie ? Par conséquent, quelle est la cible de la satire morale ?

3. Le petit crabe (dans le texte de Samivel) et la petite écrevisse (dans la fable d'Ésope) ne se déplacent pas de la même façon ; expliquez le sens de cette différence.

4. Par rapport au texte d'Ésope, en quoi la version de Samivel est-elle révélatrice de l'évolution des mœurs en matière d'éducation ?

Travaux d'écriture

A. *Argumentation* – « Contre tous les usages ! » : les récits à valeur de fables ont-ils pour but de désigner les valeurs morales et les usages à suivre ?

B. *Commentaire* – Élaborez le plan détaillé d'un commentaire comparé portant sur les textes d'Ésope et de Samivel. Dans cette perspective, vous envisagerez les traits narratifs communs aux deux textes puis l'originalité de la fable de Samivel par rapport à son modèle antique.

Italo Calvino, « Le Sein nu », p. 34

Questions sur le texte

1. En quoi le texte d'Italo Calvino est-il entièrement centré sur la problématique suivante : choisir des valeurs morales consiste à déterminer le regard qu'on porte sur le monde et les hommes ?

2. D'après cet extrait, peut-on, selon Italo Calvino, regarder le monde de façon neutre ?

3. Quelles sont les différentes façons de regarder la poitrine dénudée de la baigneuse envisagées par Palomar ? Relevez-les puis expliquez pourquoi aucune d'elles n'est pleinement satisfaisante à ses yeux.

4. Expliquez la fin du texte et le sentiment d'amertume du personnage : « Le poids mort d'une tradition de mauvaises mœurs empêche d'apprécier à leur juste mérite les intentions les plus éclairées : c'est ce que conclut amèrement Palomar. »

Travaux d'écriture

A. *Argumentation* – Un individu peut-il porter sur le monde un regard qui lui soit propre ?

B. *Invention* – Vous écrivez la suite des aventures intellectuelles de Palomar ; il décide d'observer un fait dont le sens lui échappe. Votre apologue soulignera la difficulté qu'éprouve le personnage, confronté à la réalité complexe des choses, pour déterminer la vérité de ce qu'il regarde, en dehors de codes moraux préexistants.

Italo Calvino, « Un général dans la bibliothèque », p. 42

Questions sur le texte

1. En quoi les soldats peuvent-ils symboliser les élèves confrontés à la lecture imposée au collège et au lycée ?

2. Les contradictions sont souvent présentées négativement, parce qu'elles empêcheraient de faire aboutir un débat. Montrez que les livres tirent précisément leur force majeure du fait qu'ils peuvent « contenir des opinions contraires ».

3. En vous appuyant sur le texte, expliquez le rôle que joue volontairement M. Crispino auprès des soldats, alors qu'il est censé les aider à mener à bien leur mission.

4. La vie apparaît à la fois plus « complexe » et « renouvelée » aux militaires à la fin de leur mission. Expliquez chacun des deux adjectifs et le lien apparemment paradoxal qui les unit.

Travaux d'écriture

A. *Commentaire* – Rédigez le commentaire composé de la nouvelle. Vous pourrez vous appuyer sur les points suivants :
1. le portrait en évolution des soldats et de leurs officiers ;
2. la description humoristique de la découverte que font les soldats à leur insu : celle de l'intérêt de la lecture ;
3. la force libératrice de la lecture, soulignée dans le compte rendu final du général face à son état-major.

B. *Invention* – Rédigez un passage du journal intime d'un des soldats chargés d'examiner les livres de la bibliothèque. Vous insisterez sur l'évolution psychologique et intellectuelle de votre personnage et exposerez son avis sur le rôle de la lecture.

Jorge Luis Borges, « L'Écriture du Dieu », p. 49

Questions sur le texte

1. Expliquez et justifiez la formule de Roger Caillois, traducteur du texte : « Borges : inventeur du conte métaphysique ».

2. Par quelles déductions successives le mage passe-t-il pour appréhender la formule divine qu'il recherche ?

3. Comment peut-on qualifier la quête de Tzinacán ? Quelle est la nature du pouvoir qu'il veut atteindre ?

4. Expliquez pourquoi Tzinacán se refuse à utiliser le pouvoir dont il a percé le mystère à la fin du texte. Votre réponse s'appuiera sur l'explication de la phrase suivante : « Qui a entrevu l'univers [...] ne peut plus penser à un homme. »

Travail d'écriture

Argumentation – Peut-on formuler une morale unique après la lecture de cette nouvelle ? Qu'en déduisez-vous sur la nature de la leçon morale apportée par tout apologue ?

Dino Buzzati, « Les Journées perdues », p. 56

Questions sur le texte

1. Expliquez la nature symbolique des lieux où se déroule l'histoire : l'« extrême périphérie de la ville » et le « ravin ».

2. Tout récit à valeur d'apologue se construit et se développe sur l'opposition entre deux systèmes de valeurs morales ; explicitez l'opposition en jeu dans cette nouvelle.

3. Le manutentionnaire est décrit comme un « justicier » ; expliquez ce terme et formulez ensuite la nature des fautes commises par Kazirra d'après le texte.

4. En quoi cette nouvelle relève-t-elle du registre tragique ?

Travaux d'écriture

A. *Invention* – Imaginez et rédigez un récit à valeur d'apologue qui se terminera par cette formule : « Et l'ombre de la nuit reculait. »

B. *Argumentation* – Les textes à valeur d'apologue se développent souvent sur l'opposition entre deux valeurs morales ; peut-on dire pour autant qu'ils présentent un débat schématique, voire simpliste ?

Ray Bradbury, « Comme on se retrouve », p. 60

Questions sur le texte

1. Expliquez en quoi le titre de la nouvelle laisse deviner la nature du débat moral qui sera vécu par la communauté noire sur Mars.

2. Un apologue reflète les débats de son temps ; montrez-le ici, en faisant appel à vos connaissances historiques sur les États-Unis des années 1950.

3. Quand ils envisagent de s'en prendre aux Blancs, les habitants de Mars sont incapables d'imaginer des humiliations différentes de celles qu'ils ont subies. Selon vous, que signifie cette impossibilité ?

4. Après avoir mis au jour le sens de la dernière phrase de la nouvelle (« Il me semble bien que, pour la première fois, j'ai vraiment vu l'homme blanc... que je l'ai vraiment bien vu »), expliquez en quoi elle s'inscrit dans une longue tradition humaniste.

Travaux d'écriture

A. *Argumentation* – Un texte à valeur d'apologue n'éclaire-t-il que les débats qui traversent son époque ?

B. *Commentaire* – Vous commenterez la fin de la nouvelle, à partir de « "Monsieur..." Elle s'avança. Elle ne savait même pas quels seraient ses premiers mots ». Vous pourrez, par exemple, explorer les pistes suivantes :
1. le rôle des détails précis racontés par l'homme blanc à la suite de la demande de Hattie ;
2. l'évolution psychologique des personnages après l'apparition d'une brèche dans leur projet de vengeance ;
3. les valeurs morales qui animent les personnages et que traduisent leurs attitudes, leurs visages et leurs actes.

Franz Kafka, « Le Terrier », p. 90

Questions sur le texte

1. L'extrait se déroule sans péripétie aucune. Quelles significations peut-on donner à ce choix d'écriture ?

2. Symboliquement, pour le lecteur, la maison est l'équivalent du terrier pour la créature. Votre représentation de la maison correspond-elle à la description du terrier ?

3. Au début de la nouvelle, le narrateur vante la « réussite » de l'aménagement de son terrier. L'extrait confirme-t-il cette affirmation initiale ? Qu'en concluez-vous ?

4. La créature cherche-t-elle à garantir uniquement la maîtrise de ce qu'elle possède matériellement ? Que pensez-vous de l'importance accordée par l'extrait à l'examen de la pertinence des stratégies intellectuelles mises en place ?

Travaux d'écriture

A. *Argumentation* – Un texte à valeur de fable n'a pas besoin de morale explicite pour créer son sens puisque le récit l'élabore progressivement. Justifiez cette affirmation en vous appuyant sur l'extrait du « Terrier ».

B. *Invention* – « Le Terrier » est une nouvelle inachevée, qui se termine par une virgule après la formule suivante « mais rien n'avait changé » : les tentatives de la créature à la recherche d'une solution satisfaisante n'aboutissent pas. Imaginez une suite à l'extrait que vous avez lu, qui commencera par cette formule.

Dino Buzzati, « Les Souris », p. 101

Questions sur le texte

1. La perception et la compréhension de la valeur symbolique des éléments décrits ou des faits racontés constituent une clé de lecture majeure des apologues. Expliquez la valeur symbolique des « souris » dans le texte de Dino Buzzati et de leur étrange métamorphose : « C'étaient des souris, je te le garantis, de grosses souris, des mulots, des rats... »

2. Ce sont les enfants qui osent parler au narrateur alors que les parents s'en tiennent au silence embarrassé ou à la mauvaise foi. Quel est le sens du renoncement des adultes ?

3. La nouvelle met au jour le mécanisme psychologique par lequel les hommes s'aveuglent face à la montée d'un danger qui menace leurs libertés. Expliquez-le.

4. « L'espoir pour nous est mort désormais. » Qui est responsable de l'anéantissement de tout espoir ?

Travaux d'écriture

Argumentation

A. Le sens de cet apologue s'éclaire par la connaissance historique de la montée des extrémismes politiques entre les deux guerres mondiales. Dès lors, est-il pertinent d'accorder aux fables une dimension universelle et intemporelle, comme on le fait souvent ?

B. Choisissez le passage de la nouvelle qui vous semble le plus intéressant à commenter. Dans un premier temps, justifiez votre choix. Ensuite, présentez de façon raisonnée le plan détaillé de votre commentaire.

Étudier un document iconographique à valeur de fable

Auteur de bandes dessinées et illustrateur, l'Américain Art Spiegelman est né en 1948 à Stockholm, en Suède. C'est la bande dessinée *Maus*[1] (« souris » en allemand), publiée sous forme d'albums et dans diverses revues entre 1978 et 1991, qui l'a rendu célèbre. En 1992, il a obtenu un prix Pulitzer spécial pour l'ensemble de son œuvre.
D'un bout à l'autre de *Maus*, Spiegelman transpose sa propre histoire : un auteur de bandes dessinées américain prénommé Art interroge son père, Vladek, sur sa déportation à Auschwitz, puis à Dachau, pour la mettre en images. Les hommes sont représentés par des animaux : les souris figurent les juifs et les chats les Allemands. Extrêmement émouvante, cette bande dessinée touche son lecteur par l'universalité de son propos : comment trouver la force de continuer à vivre quand on a vécu le traumatisme de la Shoah ? Comment faire naître la parole des survivants ? En quelles valeurs croire après les horreurs de la Seconde Guerre mondiale ?
Les planches reproduites ici, p. 136-137, ouvrent l'œuvre intégrale réunissant les deux volumes dans lesquels ont été regroupés les épisodes de *Maus* (*Mon père saigne l'histoire*, t. I ; *Et c'est là que mes ennuis ont commencé*, t. II). Voici quelques pistes d'étude :

1. Analysez l'utilisation particulière du code de la bande dessinée dans les planches reproduites : l'indication « Rego Park[2], New York, 1958 » placée au tout début ; les deux phylactères[3] rectangulaires du premier dessin, que l'on retrouve régulièrement ensuite, détachés du contexte de l'échange dialogué.

---

1. Le terme permet à Art Spiegelman un terrible jeu de mots avec le nom du complexe d'extermination d'Auschwitz : « Mauschwitz ».
2. ***Rego Park*** : quartier de New York.
3. ***Phylactères*** : nom des bulles dans les bandes dessinées.

2. Retrouvez dans l'histoire dessinée les traits majeurs de la fable, définis dans la présentation de cette édition. L'ensemble de l'histoire est montré à partir d'un point de vue équivalent à une plongée au cinéma. Expliquez ce choix.

3. « ... ALORS tu verras ce que c'est, les amis !... » : la dernière réplique du père laisse la morale informulée mais remet en cause l'emploi du mot « amis » par son fils. La façon dont il fait participer ce dernier à son activité de bricolage ne vient-elle pas nuancer le pessimisme qu'il exprime au sujet des relations humaines ?

4. Relevez tout ce qui n'est pas explicite ou immédiatement compréhensible pour qui découvre cette histoire sans rien connaître de l'auteur ni de la dimension autobiographique de son œuvre.

Rego Park, New York, 1958

ARTIE! TIENS ÇA UN INSTANT PENDANT QUE JE SCIE.
SNIF?
POURQUOI TU PLEURES, ARTIE? TIENS PLUS FORT LA PLANCHE.
JE SU-UIS TOMBÉ ET MES AMIS SONT PARTIS SA-ANS MOI...
Il s'arrêta de scier.
DES AMIS? TES AMIS?...
ENFERMEZ-VOUS TOUS UNE SEMAINE DANS UNE SEULE PIÈCE, SANS RIEN À MANGER...
...ALORS TU VERRAS CE QUE C'EST, LES AMIS!...

Récrire des fables

A. En vous inspirant des récritures des histoires de « La Cigale et la Fourmi » ou de « L'Écrevisse et sa mère », proposez une version personnelle d'une fable traditionnelle. Votre récit établira clairement la situation d'énonciation, afin d'exposer votre point de vue moral sur ce que vous racontez. Fondé sur l'observation de la variabilité et de l'évolution des mœurs, ce travail peut prendre la forme de votre choix (fable versifiée ou non ; conte ; nouvelle). Conseils :

– relisez quelques fables traditionnelles (Ésope, Phèdre, La Fontaine) afin d'identifier quel débat moral vous intéresse et fait écho à vos propres interrogations ;

– déterminez votre distance critique par rapport à la morale proposée par le texte source.

Votre version du texte doit infléchir nettement le sens de la fable de départ, jusqu'à la mise en cause radicale de son univers moral.

B. « Droit de réponse ». Dans son recueil de nouvelles à valeur de fables *La Rose réaliste*, paru en 1985, l'écrivain Pierre Gripari offre un « Droit de réponse » au corbeau du « Corbeau et le Renard ». Il imagine que l'oiseau revient sur le rôle que lui a fait jouer La Fontaine, afin de détromper le lecteur sur sa prétendue naïveté et sur son goût pour la flatterie. C'est l'occasion pour l'oiseau d'affirmer son intelligence : il n'a jamais été dupe des ruses grossières du renard, dont en définitive il a eu pitié. Selon un principe identique, imaginez le droit de réponse d'un des personnages dévalorisés dans les apologues de ce volume.

Le but de l'exercice consiste à maintenir vivant le débat moral au sein de l'apologue ; vous pouvez ne pas adhérer pleinement à ce que dit votre personnage pour se défendre. Cette distance peut être rendue sensible par le recours à l'ironie dans votre façon de présenter son plaidoyer.

Écrire des apologues

A. Rédigez un apologue à partir de la planche de Franquin (p. 78). Vous vous appuierez sur les consignes et les conseils suivants :

– respectez le schéma narratif de la bande dessinée ;

– pensez à mettre en avant certains éléments qui prennent une importance particulière (la tape sur l'épaule des personnages, par exemple) ;

– veillez à traduire en récit l'œuvre graphique sans expliciter sa morale ;

– pour faire deviner le sens moral de votre récit, jouez sur la symbolique de certains éléments majeurs de la planche (la multiplication des guillotines dans le dernier dessin, par exemple).

B. Choisissez un sujet très contemporain qui vous tient à cœur et rédigez un apologue *sans formuler de façon explicite sa morale*. Voici quelques pistes thématiques, à titre d'exemples :

– la protection de l'environnement ;

– le rapport de fascination des jeunes gens face à l'univers informatique ou au jeu vidéo ;

– le goût pour la mode et la nouveauté, dans tous les domaines ;

– la crise du système économique ultralibéral, etc. ;

Conseils méthodologiques :

– ne commencez à rédiger votre récit qu'après avoir déterminé la posture morale dont vous souhaitez faire l'éloge. La cohérence du point de vue sur les faits doit être sans ambiguïté, au risque d'égarer votre lecteur ;

– l'apologue se nourrit d'un débat moral : pensez à créer dans votre texte une situation qui lui permette de s'exprimer, en faisant se répondre des faits, des attitudes ou des propos qui renvoient à des valeurs différentes, voire antinomiques ;

– gardez implicite la dimension morale de votre texte : la valeur symbolique de certains éléments guide le lecteur et lui permet d'interpréter votre propos ;

– soignez la fin du récit. Elle aboutit à une situation morale à la fois claire et implicite. Déterminer à qui revient le dernier mot du récit peut être un bon moyen de faire sentir qui l'emporte dans le débat moral mis en scène.

C. Fable sous contrainte : changez la dernière phrase d'un des récits du volume puis rédigez un texte qui pourrait y correspondre.

Quelques exemples :

– « Les Journées perdues » : « Et l'ombre de la nuit *reculait.* »
– « L'Imbécile heureux » : « Je ne cherchais plus rien. J'étais *malheureux.* »
– « Comme on se retrouve » : « Il me semble bien que, pour la première fois, j'ai vraiment vu *un Homme*... que je l'ai vraiment bien vu. »

Cet exercice, dans l'esprit de l'OuLiPo[1], oblige à inventer, à rebours, un récit dont on ne connaît que la fin.

1. ***OuLiPo*** : voir note 1, p. 33.

Sujets de réflexion

1. « Apologue : petite fable visant à illustrer une leçon morale. » (*Dictionnaire des noms communs Petit Robert.*)

Peut-on dire que les textes à valeur de fable ou d'apologue ne servent qu'à « illustrer » une leçon morale ?

2. « Le Chêne un jour dit au Roseau :
"N'êtes-vous pas lassé d'écouter cette fable ?
La morale en est détestable ;
Les hommes bien légers de l'apprendre aux marmots." »
(Jean Anouilh, *Fables*, « Le Chêne et le Roseau », 1962.)

Relisez la fable La Fontaine « Le Chêne et le Roseau », puis explicitez la portée critique de cette récriture.

3. « Le monde est vieux, dit-on : je le crois ; cependant
Il le faut amuser encor comme un enfant. »
(La Fontaine, *Fables*, « Le Pouvoir des Fables », 1678.)

Les textes à valeur de fable doivent-ils considérer leur destinataire « comme un enfant » ?

4. « L'apparence en est puérile, je le confesse ; mais ces puérilités servent d'enveloppe à des vérités importantes. »
(La Fontaine, *Fables*, dédicace « À Monseigneur le Dauphin ».)

Expliquez ce que le terme « enveloppe » dit de l'esthétique propre aux textes à valeur d'apologue.

5. « [...] les hommes n'ont point d'usages ni de coutumes qui soient de tous les siècles. »
(La Bruyère, *Les Caractères*, 1688.)

Quelle caractéristique majeure de la dimension morale de l'apologue cette citation met-elle en avant ?

6. « On fait apprendre les fables de La Fontaine à tous les enfants, et il n'y en a pas un seul qui les entende[1]. Quand ils les entendraient, ce serait

---

1. ***Qui les entende*** : voir note 1, p. 16.

encore pis ; car la morale en est tellement mêlée et si disproportionnée à leur âge, qu'elle les porterait plus au vice qu'à la vertu.»

(Jean-Jacques Rousseau *Émile ou De l'éducation*, 1762.)

Que pensez-vous du jugement sévère de Rousseau à l'encontre des fables ?

7. «La fable est d'une grande plasticité, et rien n'interdit à son narrateur de la transformer au gré des circonstances et de l'effet recherché.»

(Daniel Loayza, dans l'introduction de son édition des *Fables* d'Ésope, GF-Flammarion, 1993.)

À partir de la citation et de votre connaissance des textes à valeur de fable, expliquez le sens et la portée du mot « plasticité ».

8. «L'allusion, c'est l'exclusion.»

(Antoine Compagnon, *La Littérature pour quoi faire ?*, leçon inaugurale au Collège de France, 2006.)

Antoine Compagnon reprend ici, pour le rejeter, un reproche fréquemment adressé aux œuvres littéraires. Analysez la formule au regard de ce que vous savez de l'apologue. Dans un premier temps, expliquez-la ; ensuite, réfutez-la.

9. «La fiction littéraire, même si elle a le pouvoir de mettre fin à l'innocence, n'a pas vocation à donner des leçons : elle invite à reconsidérer ce qui paraît évident. Elle est subversive par l'esprit, pas par la pédagogie.»

(Jerome Bruner, *Pourquoi nous racontons-nous des histoires ? Le récit au fondement de la culture et de l'identité individuelle*, trad. Yves Bonin, Retz, 2002.)

Jerome Bruner oppose « donner des leçons » et amener « à reconsidérer ce qui paraît évident ». À partir de ce que vous savez des textes à valeur d'apologue, cette opposition vous paraît-elle pertinente ?

Notes et citations

Notes et citations

Notes et citations

Notes et citations

Notes et citations

Les classiques et les contemporains dans la même collection

DUMAS
Le Comte de Monte-Cristo (85)
Pauline (233)
Les Trois Mousquetaires, t. 1 et 2 (2142 et 2144)

FABLIAUX DU MOYEN ÂGE (71)

LA FARCE DE MAÎTRE PATHELIN (3)

LA FARCE DU CUVIER ET AUTRES FARCES DU MOYEN ÂGE (139)

FERNEY (ALICE)
Grâce et Dénuement (197)

FLAUBERT
La Légende de saint Julien l'Hospitalier (111)
Un cœur simple (47)

GAUTIER
Le Capitaine Fracasse (2207)
La Morte amoureuse. La Cafetière et autres nouvelles (2025)

GOGOL
Le Nez. Le Manteau (5)

GRAFFIGNY (MME DE)
Lettres d'une péruvienne (2216)

GRIMM
Le Petit Chaperon rouge et autres contes (98)

GRUMBERG (JEAN-CLAUDE)
L'Atelier (196)

HOFFMANN
L'Enfant étranger (2067)
L'Homme au Sable (2176)
Le Violon de Crémone. Les Mines de Falun (2036)

HOLDER (ÉRIC)
Mademoiselle Chambon (2153)

HOMÈRE
Les Aventures extraordinaires d'Ulysse (2225)
L'Iliade (2113)
L'Odyssée (125)

HUGO
Claude Gueux (121)
Le Dernier Jour d'un condamné (2074)
Les Misérables, t. 1 et 2 (96 et 97)
Notre-Dame de Paris (160)
Poésies 1. Enfances (2040)
Poésies 2. De Napoléon Ier à Napoléon III (2041)
Quatrevingt-treize (241)
Le roi s'amuse (307)
Ruy Blas (243)

JAMES
Le Tour d'écrou (236)

JARRY
Ubu Roi (2105)

KAFKA
La Métamorphose (83)

LABICHE
Un chapeau de paille d'Italie (114)

LA BRUYÈRE
Les Caractères (2186)

MME DE LAFAYETTE
La Princesse de Clèves (308)

LA FONTAINE
Le Corbeau et le Renard et autres fables – *Nouvelle édition des* Fables (319)

LAROUI (FOUAD)
L'Oued et le Consul et autres nouvelles (239)

LE FANU (SHERIDAN)
Carmilla (313)

LEROUX
Le Mystère de la Chambre Jaune (103)
Le Parfum de la dame en noir (2202)

LOTI
Le Roman d'un enfant (94)

MARIE DE FRANCE
Lais (2046)

MATHESON (RICHARD)
Au bord du précipice et autres nouvelles (178)
Enfer sur mesure et autres nouvelles (2209)

MAUPASSANT
Boule de suif (2087)
Le Horla et autres contes fantastiques (11)
Le Papa de Simon et autres nouvelles (4)
La Parure et autres scènes de la vie parisienne (124)
Toine et autres contes normands (312)

MÉRIMÉE
Carmen (145)
Mateo Falcone. Tamango (104)
La Vénus d'Ille et autres contes fantastiques (2)

Les anthologies dans la même collection

AU NOM DE LA LIBERTÉ
Poèmes de la Résistance (106)

L'AUTOBIOGRAPHIE (2131)

BAROQUE ET CLASSICISME (2172)

LA BIOGRAPHIE (2155)

BROUILLONS D'ÉCRIVAINS
Du manuscrit à l'œuvre (157)

« C'EST À CE PRIX QUE VOUS MANGEZ DU SUCRE… » Les discours sur l'esclavage d'Aristote à Césaire (187)

CEUX DE VERDUN
Les écrivains et la Grande Guerre (134)

LES CHEVALIERS DU MOYEN ÂGE (2138)

CONTES DE L'ÉGYPTE ANCIENNE (2119)

LE CRIME N'EST JAMAIS PARFAIT
Nouvelles policières 1 (163)

DE L'ÉDUCATION
Apprendre et transmettre de Rabelais à Pennac (137)

DES FEMMES (2217)

FAIRE VOIR : QUOI, COMMENT, POUR QUOI ? (320)

FÉES, OGRES ET LUTINS
Contes merveilleux 2 (2219)

LA FÊTE (259)

LES GRANDES HEURES DE ROME (2147)

L'HUMANISME ET LA RENAISSANCE (165)

IL ÉTAIT UNE FOIS
Contes merveilleux 1 (219)

LES LUMIÈRES (158)

LES MÉTAMORPHOSES D'ULYSSE
Réécritures de L'*Odyssée* (2167)

MONSTRES ET CHIMÈRES (2191)

MYTHES ET DIEUX DE L'OLYMPE (2127)

NOIRE SÉRIE…
Nouvelles policières 2 (222)

NOUVELLES DE FANTASY 1 (316)

NOUVELLES FANTASTIQUES 1
Comment Wang-Fô fut sauvé et autres récits (80)

NOUVELLES FANTASTIQUES 2
Je suis d'ailleurs et autres récits (235)

ON N'EST PAS SÉRIEUX QUAND ON A QUINZE ANS Adolescence et littérature (156)

PAROLES DE LA SHOAH (2129)

LA PEINE DE MORT
De Voltaire à Badinter (122)

POÈMES DE LA RENAISSANCE (72)

POÉSIE ET LYRISME (173)

LE PORTRAIT (2205)

RACONTER, SÉDUIRE, CONVAINCRE
Lettres des XVIIe et XVIIIe siècles (2079)

RÉALISME ET NATURALISME (2159)

RISQUE ET PROGRÈS (258)

ROBINSONNADES
De Defoe à Tournier (2130)

LE ROMANTISME (2162)

LE SURRÉALISME (152)

LA TÉLÉ NOUS REND FOUS ! (2221)

TROIS CONTES PHILOSOPHIQUES (311)
Diderot, Saint-Lambert, Voltaire

TROIS NOUVELLES NATURALISTES (2198)
Huysmans, Maupassant, Zola

VIVRE AU TEMPS DES ROMAINS (2184)

VOYAGES EN BOHÈME (39)
Baudelaire, Rimbaud, Verlaine

Création maquette intérieure :
Sarbacane Design.

Composition : In Folio.

Dépôt légal : avril 2009,
numéro d'édition : L.01EHRN000255.N001.
Imprimé en Espagne par Novoprint (Barcelone)